A magia do DESIGN THINKING

Jeanne Liedtka & Tim Ogilvie

A magia do DESIGN THINKING

Um kit de ferramentas para o crescimento rápido da sua empresa

ALTA BOOKS
EDITORA
Rio de Janeiro, 2019

Copyright © 2019. Starlin Alta Editora e Consultoria Eireli
Copyright © 2014 by Jeanne Liedtka

Publisher: Renata Müller
Coordenação de produção: Alexandre Braga
Tradução: Bruno Alexander
Edição: Oliva Editorial
Diagramação: Carolina Palharini e Carlos Borges
Capa: Carolina Palharini
Produção Editorial – HSM Editora - CNPJ: 01.619.385/0001-32

Todos os direitos estão reservados e protegidos por Lei. Nenhuma parte deste livro, sem autorização prévia por escrito da editora, poderá ser reproduzida ou transmitida. A violação dos Direitos Autorais é crime estabelecido na Lei nº 9.610/98 e com punição de acordo com o artigo 184 do Código Penal.

> **Erratas e arquivos de apoio:** No site da editora relatamos, com a devida correção, qualquer erro encontrado em nossos livros, bem como disponibilizamos arquivos de apoio se aplicáveis à obra em questão.
>
> Acesse o site www.altabooks.com.br e procure pelo título do livro desejado para ter acesso às erratas, aos arquivos de apoio e/ou a outros conteúdos aplicáveis à obra.
>
> **Suporte Técnico:** A obra é comercializada na forma em que está, sem direito a suporte técnico ou orientação pessoal/exclusiva ao leitor.
>
> A editora não se responsabiliza pela manutenção, atualização e idioma dos sites referidos pelos autores nesta obra.

Dados Internacionais de Catalogação na Publicação (CIP)
Angélica Ilacqua CRB-8/7057

Liedtka, Jeanne
  A magia do design thinking : um kit de ferramentas para o crescimento rápido da sua empresa / Jeanne Liedtka e Tim Ogilvie ; tradução de Bruno Alexander. - Rio de Janeiro : Alta Books, 2019.
  240 p.

  Bibliografia
  ISBN: 978-85-508-0614-3
  Título original: *Designing for growth*

  1. Negócios 2. Mudança organizacional 3. Sucesso nos negócios 4. Criatividade nos negócios I. Título II. Ogilvie, Tim III. Alexander, Bruno

15-0481   CDD 658.4063

Índices para catálogo sistemático:

1. Negócios - Inovação

Rua Viúva Cláudio, 291 — Bairro Industrial do Jacaré
CEP: 20.970-031 — Rio de Janeiro (RJ)
Tels.: (21) 3278-8069 / 3278-8419
www.altabooks.com.br — altabooks@altabooks.com.br
www.facebook.com/altabooks — www.instagram.com/altabooks

Para Salz e Caroline

SUMÁRIO

Agradecimentos ix

Seção I: O porquê e o como do Design Thinking 1
    Capítulo 1: Design, por quê? 3
    Capítulo 2: Quatro Perguntas, Quatro Ferramentas 21

Seção II: O que é? 39
    Capítulo 3: Visualização 49
    Capítulo 4: Mapeamento da jornada 61
    Capítulo 5: Análise da cadeia de valores 75
    Capítulo 6: Mapeamento mental 81

Seção III: E *se*? 93
    Capítulo 7: Brainstorming 103
    Capítulo 8: Desenvolvimento de conceitos 113

Seção IV: O que *surpreende*? 121
    Capítulo 9: Teste de premissas 131
    Capítulo 10: Prototipagem acelerada 141

Seção V: O que *funciona*? 151
    Capítulo 11: Cocriação com o cliente 159
    Capítulo 12: Lançamento da aprendizagem 167

Seção VI: Liderando crescimento e inovação na sua organização	179
Apêndice	199
Recursos da gestão de projetos	201
Lista das necessidades humanas universais segundo o CNVC	213
Leitura suplementar	217
Notas Bibliográficas	221
Sobre os Autores	225

AGRADECIMENTOS

Ambos devemos muito à Darden School of Business University of Virginia e ao Batten Institute e respectiva liderança. Eles nos uniram e nos apoiaram em cada passo do caminho. Somos especialmente gratos ao Reitor Robert Bruner e à Diretora Administrativa do Batten Institute, Elizabeth O'Halloran, que ajudaram Jeanne a conseguir tempo, e depois, a conseguirmos recursos para realizar o projeto; e a David Newkirk, que reiterava sempre que nossos esforços eram importantes para os gestores.

Em seguida, Amy Halliday, nossa confiável editora, Amy tem o dom de saber quando empurrar e quando puxar. Agradecemos sua franqueza inabalável, paciência e aconselhamento generoso. Mostrou-se uma defensora incansável do gestor na ativa. Se este livro não tocar a sensibilidade desses profissionais, não será por falta de esforços da parte dela.

O outro integrante essencial de nossa equipe provém dos grandes feitos de Tim. Há oito anos, ele cofundou uma firma de consultoria em estratégia de inovação, na qual Jenny Lynn Cargiuolo passou a integrar. Aquele, seu primeiro trabalho; ela, a primeira designer da Peer Insight. Hoje, nós a temos como uma espécie de mestre Yoda [referência ao personagem de *Guerra nas Estrelas*] do design, e cada conceito-chave de design contido neste livro foi verificado por ela. Somos obrigados a admitir que várias das simplificações do livro passaram por cima de suas objeções categóricas (ou de seu "cadáver", conforme Jenny graciosamente costuma chamar).

Myles Thompson e Bridget Flannery-McCoy, da Columbia University Press, nos guiaram ao longo do processo de publicação com sabedoria simples e ânimo constante mesmo quando Tim conseguiu perder os contratos assinados no correio. (Desculpe, Bridget. Mas deu tudo certo, não foi mesmo?) O layout fantástico do livro é obra do gênio em arte visual, Daniel Lombardi. Os rascunhos iniciais foram traçados por Preethi Lakshminarayanan.

De Jeanne

Quero começar agradecendo a Tim, meu coautor. Olho para o produto acabado, resultante de nossa parceria, e comparo-o aos meus esforços em produções anteriores textos pesados e ilustrados sem imaginação. Agradeço, então, à minha estrela da sorte pela coincidência, trazendo Tim até a Darden School. Pensar, conforme fiz ao dar início a este projeto, que eu poderia fazer justiça ao mundo do *design thinking* sem um parceiro que vivesse e respirasse design foi algo absolutamente temerário. Mas Tim trouxe muito mais para este esforço do que seu talento extraordinário para visualização ele trouxe histórias, ferramentas, um bom humor inabalável, inteligência e persistência. Acima que tudo, ele trouxe um talento inato estupendo para demonstrar o *design thinking* em cada passo do caminho que nos impediu de perder o tópico de vista e a razão pela qual ele enriquece tanto o pensamento tradicional sobre negócios. Para mim, este livro é a personificação viva daquilo que acontece quando design e negócios se conjugam.

Desejo agradecer também aos meus amigos e colegas de Darden, que tornaram a escola, por duas décadas (já), um lar muito especial para mim, criando um lugar do qual considero inimaginável não fazer parte. E meu fascínio em explorar o ponto em que humanidade e negócios se superpõem pode, com certeza, ser atribuído a quatro culpados: Ed Freeman, Alec Horniman e Jack e Carol Weber. Estes quatro destemidos são meus mestres Yodas.

Karen Musselman torna minha vida em Darden maravilhosa, trazendo-me a força de sua sabedoria e o espírito de ordem para domar meu caos. Andrew King sempre atende às minhas ligações aflitas. Ed Hess tem sido fonte de inspiração e de estímulo e considero tê-lo atraído para Darden o melhor presente que pude oferecer à escola. Lynn Isabella e Susan Chaplinsky tornaram minha transformação em MFL [gíria da internet, Marked for Later] realmente engraçada. E, finalizando, obrigada a todos os alunos de Darden, que se esforçaram para aprender essas coisas junto comigo e me ensinaram tanto quanto eu lhes ensinei.

E, ainda, ao grupo maravilhoso de líderes do pensamento, que me tomou pela mão e pacientemente ensinou design para esta tradicional estrategistas: Roger Martin (por assumir a dianteira), Angela Meyer (por nem uma vez sugerir que eu estava "viajando") e Nathan Shedroff, Heather Fraser e Maureen Thurston (por me acompanhar em meu amadurecimento).

Em nota de caráter pessoal, tenho de agradecer à minha grande e fantástica família (que me mantém simples) e aos velhos e queridos amigos (que me mantêm sã). Agradeço principalmente à minha irmã Jane, a fonte mais constante de apoio e estímulo em minha vida pelos últimos trinta e tantos anos (Rehoboth à parte).

Finalmente, a Salz, o pensador mais corajoso e criativo que já conheci. Obrigada a você, Taco Bell!

De Tim

Escrever um livro é uma ideia absurda para um consultor ocupado que faz "bico" noturno como marido, pai e amigo relapso. Não há como reconhecer nada sem primeiro agradecer à minha coautora, Jeanne Liedtka. Se conhecerem Jeanne, vão entender que o termo "força da natureza" não é uma hipérbole. O intelecto flamejante se equilibra perfeitamente com uma absoluta falta de pretensão e uma energia inesgotável para realizar coisas. O estilo afável do livro é de Jeanne. Limitei-me a imitá-lo. E o magnânimo espírito de encorajamento? É ela em pessoa simplesmente o manifesta, de forma natural, assim como respira.

Tenho o sentimento de que escrever um livro e trabalhar parece incompatível. Alguém tem de cuidar do negócio. Meu sócio, Gordon Hui, fez mais que isso. Quando Jeanne me convidou para o projeto, eu hesitei. Gordon insistiu para que eu aceitasse. Alguns meses depois de ter começado no projeto, meu pai adoeceu. Decidi abandonar a empreitada; parecia justo para Jeanne e Amy. "De forma alguma", ele recomendou. Meu pai se recuperou, e o livro também.

Jeneanne Rae, minha outra sócia e cofundadora da empresa, não tinha como assumir o mesmo peso de me instigar. Ela simplesmente teve de cuidar da sobrevivência do negócio durante uma recessão global. Há quase uma década, Jeneanne expressou, num aparte de sabor *universitário*, um conselho para meu futuro: inovação em serviços. Mal sabia ela que eu viria a acolher aquele seu conselho e a ela também de forma tão calorosa.

Muitos outros integrantes de nossa firma dividiram os louros, principalmente ensinando-me lições sobre seus projetos, mas também oferecendo uma história de destaque, lendo os capítulos iniciais e especulando fontes e fatos mais intricados. Dentre esses colaboradores estão Katie Waterson, Kimberly Campbell, Carl Fudge, Pat Dewey, Jamie Mash, Colin Hudson e Kristin Metropolous.

Como foi que aprendi o assunto sobre o qual escrevi? No verso de uma pequena lista de clientes corajosos que, ao longo dos oito últimos anos, compartilharam suas esperanças e desafios e convidaram-me a fazer uma parceria com eles. Em menos de uma década, migrei de aventureiro maravilhado para aspirante a sábio. Dentre os clientes que ajudaram nessa conversão incluem-se Mark Hadding da Siemens, Diane Ty e Rick Bowers da AARP, Jacqueline LeSage Krause e Dave Peak da The Hartford, Iain Campbell e Bob Russell da York, Claudia Kotchka e Cindy Tripp da P&G, Dave Jarrett e Steve Josey da Crowe Horwath, Dale McIntyre da Behr, Melody Roberts e Denis Weil do McDonald's, Lem Lasher da CSC, Sam Lucente, Debbie Mrazek e Glenna Patton da Hewlett-Packard, Lauri Kien Kotcher da Godiva (ex-funcionária da Pfizer), Peter Westerstrahle e Tiina Tanninen-Ahonen da Tekes, Scott Williams da Starwood Hotels, Austin henderson da Pitney Bowes, Kirby McDaniel da Hallmark e Andy Winslow da Celestica. São pessoas de coragem e generosidade inusitadas. Meu débito junto a elas é enorme.

O que é legal no campo da inovação é que todos se intercomunicam (diferentemente da consultoria em estratégia, meu universo de origem). Devo reconhecer um pequeno grupo de colaboradores, profissionais que partilharam sua sabedoria ao longo do caminho. Em nome de brevidade, a lista começa com Larry Keeley da Doblin e Mike Nuttall, cofundador da IDEO. Aprendi muito na cartilha deles. Depois disso, fui guiado por Dev Patnaik da Jump, Scott Stropkay e Bill Hartman da Essential, Shelley Evenson da CMU (e hoje na Microsoft) e Stan Gryskiewicz da Association of Innovation Managers. Stan é um dos mentores mais talentosos que alguém pode conhecer.

Além de mentores, é preciso inspiração para manter-se firme num projeto desafiador. Carter Griffin me convenceu de que escrever um livro é algo perfeitamente factível. E as contribuições dele vão mais fundo: há cerca de uma década, Carter me ensinou a trabalhar em equipe. Tanto quanto inspirador foi Mark Stein (que você encontrará no contexto da Brivo Systems, que aparece na Seção III). Mark é uma das pessoas mais incríveis, talentosas, ousadas e zelosas que posso imaginar. Court Ogilvie ajudou-me a repor energias durante as corridas às margens do Potomac e generosamente ofereceu-me aconselhamento editorial. Meu companheiro de escalada por 25 anos e irmão há um pouco mais que isso Court mostrou-se fonte constante de gargalhadas e inspiração.

Lembra-se de eu mencionar ser um marido que faz "bicos" noturnos? Bem, a mulher sobre quem essa luz pálida de luar recai de vez em quando, Caroline Altmann, é a quintessência do pensador híbrido: com um MBA de Columbia, fez uma apresentação solo de sua arte. Ao assumir este projeto, ela compreendeu a proporção de 1.000 para 1 de esforço para chegar ao produto acabado, o que era uma abstração para mim. Caroline-artista estava sempre ali para alimentar meu lado *design thinker* mais profundo, me ajudando a explorar novas soluções para uma seção esquisita. Caroline-MBA, então, oferecia uma crítica repleta de insights. Refletido contra sua energia expansiva e abrangente, vi nosso tópico de *design thinking* como um mundo de infinitas possibilidades. Espero que tais possibilidades resplandeçam por todo o livro.

Jeanne Liedtka e Tim Ogilvie

SEÇÃO I:
O porquê e o como do *design thinking*

CAPÍTULO 1
DESIGN, POR QUÊ?

Todo gestor precisa de design. Não é possível criar um negócio sem ele. Mas do que se trata? Ao ser solicitado a descrevê-lo, Tim Brennan, do grupo da Apple's Creative Services, desenhou o seguinte:[1]

O design, conforme a criativa definição coloca de Tim, é pura e simplesmente magia. Um completo enigma, uma misteriosa terra de ninguém onde só os bravos (e os brilhantes) pisam. Ele zomba ante qualquer ideia de que exista um processo formal para navegar por essas muitas circunvoluções. Claro todos gostaríamos de descobrir algo equivalente ao iPod em nosso negócio. Entretanto, reles mortais principalmente pessoas de negócios ficam fora de órbita quando se trata de deslanchar tal tipo de inovação e crescimento. E aí jogamos as mãos para o alto e voltamos a nos debruçar sobre planilhas e relatórios de pesquisa de mercado, em busca da próxima panaceia, do próximo catalisador para o crescimento.

Não se aflija, porém, com a visão de design da Apple. O design tem muitos significados diferentes. E acontece que o processo do design thinking de que vamos falar neste livro tem mais a ver com os sapatinhos vermelhos de Dorothy do que com uma varinha de condão. Você já tem o poder. Só precisa descobrir como usá-lo. Ache um líder em inovação em qualquer organização e ele provavelmente já estará praticando o design thinking há tempos.

Se você que está lendo o livro é gestor, prepare-se para arregaçar as mangas não para jogar as mãos para o alto. Porque o design thinking é, na verdade, uma abordagem sistemática à solução de problemas. Começa pelos clientes e a capacidade para criar um futuro melhor para eles, reconhecendo que, provavelmente, não vamos acertar da primeira vez. Não requer poderes sobrenaturais. É o tipo de design absolutamente seguro para ser testado em casa.

E o momento do design chegou.

Acreditamos que a recente explosão de interesse pelo design thinking incrementou-o muito mais do que o sucesso e a notoriedade da Apple. Procuramos por um novo kit de ferramentas. Chegamos ao final da linha da maximização da produtividade e dos processos de reengenharia. A concorrência chegou à demanda máxima: a internet e a chegada das redes sociais impossibilitaram a retenção do conhecimento. Nossa visão sobre a origem da criatividade está se ampliando: estamos aprendendo coisas novas sobre o cérebro todos os dias, reconhecendo modos cognitivos diferentes e como operam em diferentes contextos. Por fim, as ferramentas de design incluindo as folhinhas de Post-its e os quadros brancos tornaram-se simples e corriqueiras.

DAVID JARRETT

Pense no berço do *design thinking*. Pense em CPAs [contadores em finanças públicas] e nos contadores fiscais. Ainda confuso?

A primeira vez que você fala com Dave Jarrett, sócio da Crowe Horwath, uma das maiores empresas de contabilidade dos Estados Unidos, ele talvez só lhe pergunte se conhece a piada sobre como se tornar sócio numa empresa de CPA. "Você jamais consegue uma proposta melhor", diz ele com sarcasmo.

Dave associou-se à Crowe em 1975 e lá permaneceu por duas décadas como auditor e especialista em impostos. Durante os últimos dez anos, ele chefiou um grupo que ajuda a desenvolver soluções voltadas para aprimorar as condições, o reconhecimento de mercado, as vendas e a lucratividade da empresa. E ele sabe como você se sente.

DESIGN THINKER

> "O *design thinking* intimida as pessoas é como se fosse um conjunto de habilidades diferentes daquilo que nós, pessoas normais, podemos fazer. Quando se pensa em design, a mente logo se reporta à moda, e eu nem mesmo consigo escolher duas coisas que deveriam ser usadas ao mesmo tempo. Entretanto, o que estamos realmente tentando fazer aqui é garantir a criação de algo do jeito que o comprador gostaria de ter."

O *design thinking* pode fazer pela inovação e pelo crescimento orgânico aquilo que a GQT, Gestão de Qualidade Total, fez pela qualidade tomar algo que sempre nos preocupou e colocar ferramentas e processos nas mãos dos gestores para fazer aquilo acontecer.

Se o *design thinking* pode ou deveria ser ensinado aos gestores é assunto para debates acalorados entre designers. A forma como o design em si é definido ocupa o centro da discussão. Os designers se enfurecem ante a sugestão de que gestores possam ser ensinados o suficiente sobre design, vendo-a como algo no mínimo perigoso. Eles ressaltam os anos de treinamento especializado que os designers recebem e preocupam-se em permitir que os gestores pensem que são designers, o que abalaria a qualidade e a apreciação por aquilo que designers treinados fazem. Acreditamos que suas preocupações precisam ser levadas a sério e que a forma de fazer isso é diferenciando design de *design thinking*.

Designers talentosos combinam sensibilidade estética com forte capacitação para visualização, etnografia e reconhecimento de padrões que estão bem além do alcance da maioria de nós gestores, inclusive. Entretanto, quando se trata de incrementar o crescimento de um negócio, o talento que nos interessa não se acha enraizado nem em dons naturais nem em treinamento em estúdio está em possuir uma abordagem sistemática à solução de problemas. Para nós, isso define o design thinking e pode ser ensinado aos gestores.

Como qualquer processo, o *design thinking* será praticado em vários níveis, por pessoas com diferentes talentos e capacitações.

Seu gestor típico pode ser transformado em um Jonathan Ive, o principal designer da Apple? Não mais do que o professor de tênis da vizinhança pode transformar você numa Serena Williams. Mas, é possível melhorar seu jogo? Com certeza. E, ao fazê-lo, garantimos a você que seu reconhecimento pelo que os Jonathans Ives da vida fazem terá crescido em vez de diminuído. Mais importante ainda, você disporá de um novo kit de ferramentas para abordar seu desafio de crescimento.

Este livro busca desmistificar o *design thinking*, transformando a ideia abstrata de design em uma ferramenta prática para uso diário, da qual todo gestor pode se beneficiar. Recorrendo a uma perspectiva e a um linguajar afeto aos negócios, vamos traduzir o vocabulário do design, desenrolar a misteriosa conexão entre design thinking e crescimento lucrativo, apresentar um processo sistemático (completo, com recursos simples de gerenciamento de projetos), e ensinar-lhe as dez ferramentas necessárias para amarrar a abordagem do design ao pensamento tradicional dos negócios de modo a melhorar sua capacidade para incrementar seu negócio de forma lucrativa. Durante o processo, você será apresentado a outras pessoas como Dave Jarrett, nenhuma delas treinadas em design, todas usando o design thinking para conduzir a inovação e o crescimento em suas organizações. Gente como Christi Zuber, enfermeira apaixonada por design, e Diane Ty, formada, primeiro, em ciência política e depois com um MBA, numa missão na AARP, estimulando adultos jovens a fazer escolhas financeiras de melhor qualidade e ajudando *baby boomers* a conseguirem tirar os filhos adultos do seu orçamento. Todos esses gestores dominaram o *design thinking*. Portanto, sapatinhos vermelhos a postos, e vamos em frente!

E se os gestores pensassem como designers?

Mas não vamos nos adiantar. O que seria diferente se os gestores pensassem mais como designers? Temos três palavras para você: empatia, invenção e interação.

O design começa com *empatia*, estabelecendo uma profunda compreensão em relação àqueles para quem desenvolvemos o design. Gestores que pensam como designers se colocam no lugar de seus clientes. Claro que todos já sabemos que devemos ser "centrados no cliente", mas falamos aqui de algo mais profundo e mais pessoal do que isso. Significa "conhecer" os clientes como pessoas de verdade com problemas de verdade, em vez de vê-los como alvos para vendas ou como um conjunto de estatísticas demográficas reunindo faixa etária, nível de renda ou estado civil. Requer desenvolver uma compreensão de suas necessidades e vontades, tanto emocionais quanto "racionais". O ator Stephen Fry (o definitivo Jeeves), ao escrever sobre o produto mais recente da Apple, depois de entrevistar o designer-chefe Jonathan Ive, registrou numa edição da revista Time de abril de 2010:

> *"Pense por um momento. Somos seres humanos; nossas primeiras reações não são dominadas por cálculos, mas por sentimentos. O que Ive e sua equipe compreendem é que se você tem um objeto no bolso ou na mão por horas durante o dia, então sua relação com ele é profunda, humana e emocional.*[2]

Grandes designs inspiram eles nos arrebatam para um nível emocional. Um dos fatos mais tristes sobre a situação dos negócios é a extensão em que, tantas vezes, nos pautamos pela mediocridade. Nem mesmo tentamos envolver nossos clientes ou nossos funcionários em um nível emocional, imagine inspirá-los. No entanto, a diferença entre grandes designs e aqueles meramente satisfatórios é a forma como os primeiros nos enlevam.

Considere a diferença entre a ponte da Baía de São Francisco (Bay Bridge) e a ponte Golden Gate.[3] A Bay Bridge é uma rodovia sobre as águas. A Golden Gate Bridge faz o mesmo, porém flui, simboliza e encanta. Ela se tornou, a exemplo de outros ícones do design como a Opera House de Sydney, um símbolo da terra que ocupa. Quantas das invenções de nossos negócios são tão impactantes? Muito poucas.

Uma vez que o design também é um processo de invenção, gestores que pensam como designers se veem como criadores. No que tange o discurso sobre "arte e ciência" da gerência, temos prestado maior atenção à parte da ciência. Levar o design a sério significa reconhecer a diferença entre aquilo que os cientistas fazem e o que designers e líderes do crescimento fazem. Enquanto cientistas investigam hoje para descobrir explicações para o que já existe, os designers inventam o amanhã criam algo que não existe. Para alcançar o crescimento, temos de criar algo no futuro que seja diferente do presente. Entretanto, futuros poderosos raramente são descobertos, a princípio, por meio de análise. Eles são, conforme dito por Walt Disney, "criados primeiro na mente e depois na ação". Isto não nega à análise um papel relevante, mas, de fato, subordina-a ao processo de invenção quando a meta é crescer.

O grande design, conforme afirmou Richard Buchanan, ex-reitor da Carnegie Mellon School of Design, acontece na interseção entre limitação, contingência e possibilidade elementos centrais na criação de designs inovadores, elegantes e funcionais.[4] Importa imensamente, porém, por qual deles você começa. Nos negócios, nossa tendência tem sido começar a conversa sobre crescimento pelas limitações: as limitações orçamentárias, de facilidade de implementação, do foco dos dividendos trimestrais ditados por Wall Street. Como resultado, obtemos designs para amanhã que apenas esbarram no hoje. O grande design começa com a pergunta "E se qualquer coisa fosse possível?" No final das contas, se crescimento tem a ver com invenção e nossas premissas sobre limitações cerceiam o que imaginamos, enxergar além disso, então, é a tarefa nº1.

Considere o design de um dos grandes espaços públicos da América: o Central Park de Nova York. Em 1857, foi feita a primeira concorrência pública de design paisagístico para escolher o plano para o parque. De todas as propostas, apenas uma elaborada por Frederick Law Olmsted e Calvert Vaux preencheu todos os requisitos de design. O mais desafiador que fosse preservado o tráfego de veículos da cidade sem prejudicar a atmosfera serena do parque tinha sido considerado impossível de solucionar por todos os demais concorrentes. Olmsted e Vaux venceram ao eliminar a premissa de que o parque era um espaço bidimensional. Em vez disso, imaginaram-no em três dimensões e construíram quatro passagens subterrâneas para veículos.

Finalmente, o design insiste para que nos preparemos para repetir nosso caminho para a solução. Assim, os gestores que pensam como designers podem se ver como aprendizes. A maioria dos gestores aprende uma metodologia direta e linear de solução de problemas: definir o problema, identificar várias soluções, analisar cada uma delas e escolher uma a certa. Os designers não são assim tão impacientes ou otimistas. Eles compreendem que uma invenção bem-sucedida requer experimentação e que a empatia é uma conquista difícil. Portanto, a tarefa é aprender.

Considere a IKEA. Quando o fundador da empresa, o visionário Ingvar Kamprad, lançou o negócio, ele tinha apenas uma noção geral do que viria a se tornar a abordagem revolucionária da IKEA ao ramo do mobiliário. Praticamente cada elemento do hoje lendário modelo de negócio da IKEA show-rooms e catálogos coordenados, móveis desmontados, acondicionados em embalagens planas e self-service e montagem pelo cliente surgiu ao longo do tempo sob a forma de reações experimentais a problemas urgentes. O self-service pelo cliente, por exemplo, tornou-se elemento central da estratégia da IKEA quase por sorte quando clientes frustrados adentraram, atônitos, um depósito porque não havia funcionários suficientes para atendê-los. O gestor de loja percebeu as vantagens da iniciativa dos clientes e sugeriu que a ideia se tornasse permanente. "Considere cada problema como uma possibilidade", era o lema de Kamprad e, assim, no design ele se concentrou menos no controle e em "acertar" da primeira vez e mais em aprender, observar e responder às oportunidades à medida que surgem.

Um grande parque, uma ponte icônica, um modelo de negócio inovador todos compartilham princípios fundamentais de design: não permita que suas limitações imaginárias cerceiem suas possibilidades; tenha por meta conectar-se profundamente com aqueles que atende; busque oportunidades, não a perfeição. O design, no entanto, é mais do que um conjunto de princípios, ele também traz uma metodologia e uma coleção de ferramentas que podem nos ajudar a realizar essas aspirações.

Escrevemos este livro porque nos apaixonamos pela ideia do design há cerca de dez anos, cada um proveniente de um lugar diferente: Jeanne, depois de passar quase a vida toda do lado da estratégia empresarial como consultora em estratégia e como professora focada em crescimento orgânico. Tim, como engenheiro de sistemas, dublê de empresário e dublê de cofundador de uma empresa de inovação. Nenhum dos dois tem treinamento em design. Gostamos de dizer que Thomas Jefferson nos uniu ao design.

Design e negócios: combinação celestial ou infernal?

Acreditamos que as diferenças entre uma abordagem de negócios "tradicional" e uma abordagem de "design" são profundas. Mesmo assim, as duas são potencialmente tão complementares que podem formar uma combinação dos céus ou dos infernos. Assim como opostos que se atraem ou se repelem juntas podem resultar em magia ou miséria.

Considere um desafio encarado por uma empresa líder em produtos de consumo: como pensar sobre mudanças no mercado varejista e reagir a elas, nos próximos dez anos. Suponha que dois grupos de alunos um formado por alunos de MBA e o outro por alunos de design abordam a questão. Como cada equipe abordaria o estudo?

Os MBAs provavelmente começariam pesquisando tendências de mercado sociais, tecnológicas, ambientais e políticas. Leriam relatórios de analistas, entrevistariam expoentes da indústria e fariam estudos comparativos entre os principais varejistas e concorrentes.

A UNIVERSIDADE DO SR. JEFFERSON

A University of Virginia, onde Tim se formou e é referência acadêmica para Jeanne há 20 anos, foi quem nos apresentou ao design. E que apresentação foi aquela! Thomas Jefferson foi o terceiro presidente dos Estados Unidos e autor da Declaração de Independência. Sua dedicação à educação pública foi apaixonada e perdurou por toda a vida, sendo os últimos dez anos dedicados à criação da University of Virginia.

Ele a denominou o "hobby de minha velhice... e o último serviço que posso prestar ao meu país". Jefferson responsabilizou-se pessoalmente por cada aspecto do design e da implementação, desde a arquitetura dos prédios e espaços à composição do currículo e seleção do corpo docente. É impossível ficar por muito tempo em sua amada "vila acadêmica" sem ser tocado pela forma como ele usou o poder do design para configurar o futuro.

Assim como todos os grandes designs, a UVA começa por um desafio e uma crença. O desafio alvo de grande preocupação de Jefferson e de todos os "pais fundadores" era como preservar uma democracia frágil depois que a primeira geração de líderes tivesse partido. Ele acreditava que um eleitorado com boa formação faria escolhas acertadas. Para Jefferson, a ligação entre democracia e educação era clara sem uma população esclarecida, não haveria esperança de proteção para o autogoverno.

Aos olhos do observador moderno, o gênio de Jefferson poderá parecer repousar na beleza da arquitetura que criou mas, na realidade, muito de sua inspiração arquitetônica veio diretamente de Palladio, arquiteto italiano do século XVI. Seu verdadeiro gênio está no poder do espaço que criou tanto físico quanto mental e na capacidade deste para evocar de forma tão viva o propósito para o qual foi concebido. A universidade de Jefferson foi desenhada para ser uma comunidade avessa à hierarquia, onde professores e alunos trabalhariam juntos em parceria, em busca do tipo de aprendizado exigido pela democracia.

A arquitetura uma série de pequenos prédios dispostos em torno de uma área comum incorporou esta ambição. O currículo incluía novos campos "científicos" e "pragmáticos", como botânica e agricultura, mais apropriados para uma democracia do que para uma aristocracia, e a autogestão pelos alunos seria o princípio sobre o qual a nova universidade funcionaria.

O que Jefferson concebeu foi muito mais do que um conjunto de prédios; foi uma experiência educacional de um tipo muito especial. Todos os aspectos, do design da UVA, da arquitetura e o currículo à seleção do corpo docente e métodos de governança, emergem de uma imagem sustentada por Jefferson da experiência educacional que ele se empenhou em criar. Uma educação para a democracia. Como todo grande design, nosso campus inspira tanto alunos quanto professores, incentivando-nos a trabalhar.

Fariam previsões e recomendariam um conjunto de estratégias, completariam com cálculos referentes ao RSI (retorno sobre o investimento) e ao NPV (net *present value* = valor atual líquido). Eles exporiam todos os dados numa apresentação de PowerPoint.

Provavelmente os alunos de design abordariam o projeto de forma bem diferente. Talvez começassem por uma análise de tendência semelhante, mas eles a usariam para elaborar cenários de possíveis futuros em vez de planilhas.

Talvez passassem por lojas e conversassem com consumidores e funcionários, concentrando-se na experiência de compras. Provavelmente criariam diferentes perfis de consumidor e usariam cenários para tentar modelar as mudanças na vida de cada um e, respectivamente, em seus hábitos de compra pelos dez anos à frente. Talvez patrocinassem uma sessão de brainstorming sobre a "loja do futuro", convidando colegas (e franqueando-lhes uma pizza). Usariam os cenários e os perfis como ponto de partida e se baseariam neles como grupo. Finalizando, não apresentariam soluções, mas um pequeno número de conceitos como protótipos, com o objetivo de solicitar feedback de clientes e colaboradores reais.

Essas diferenças óbvias quanto à estruturação, coleta de dados e resultados sinalizam diferenças mais fundamentais nas premissas centrais e nos motores decisórios que embasam cada abordagem. A mentalidade dos negócios pressupõe racionalidade e objetividade. Seu motor decisório é a lógica fria, seca e econômica. A realidade é precisa e passível de quantificação. Existe uma "verdade" e as respostas são "certas" ou "erradas". O design, por outro lado, pressupõe a experiência humana, sempre conturbada, como seu motor decisório, e percebe a verdadeira objetividade como ilusão. Para os designers, a realidade é sempre construída pelas pessoas que a habitam. Nesse universo, as decisões são vistas como dirigidas mais por emoção do que por lógica; o desejo, como um motivador mais poderoso do que a razão. Nele, existe apenas nossa "verdade" individual e as respostas são "melhores" ou "piores". Portanto, os MBAs analisaram dados de tendências; os designers observaram a experiência dos compradores.

A assimetria, no entanto, vai mais além. Mesmo os próprios valores que sustentam cada abordagem divergem drasticamente. O que tem muito a ver com bagunça versus ordem. Conforme um vice-presidente da Procter & Gamble nos explicou: "Na P&G, gostamos de conversas claras e ordenadas, mas logo compreendemos que acolher o design significava que teríamos de nos sentir à vontade com conversas desconexas." Executivos de empresas costumam valorizar a ordem e o controle acima de tudo e estruturam suas organizações para produzi-los. "Na Abbott, nosso lema é: planeje o trabalho e trabalhe conforme o plano", recordando o que um executivo da Abbott nos contou. Nenhuma surpresa aí claro que seria isto o esperado de pessoas à frente de grandes organizações e responsáveis por alcançar um desempenho trimestral cuidadosamente previsto. Ambiguidade e incerteza causam-lhes desconforto; elas anseiam por previsibilidade. Inovação é bagunça pura e muitas vezes sinônimo de ineficiência não há como contorná-la. Entretanto, ambiguidade e incerteza funcionam como droga para os designers. E, assim, os MBAs fazem análises comparativas entre os concorrentes para identificar o "diferencial de destaque" que as empresas apresentam hoje; os designers imaginam diversos mundos futuristas, construindo protótipos e dramatizando dentro deles.

Não é de surpreender que tais diferenças em valores centrais se traduzam em ferramentas e práticas muito diferentes e pessoas que costumam deixar as outras nervosas. A lógica dos negócios favorece abordagens analíticas; os processos decisórios exigem "provas" de que a resposta "certa" foi alcançada. Assim, os MBAs lançam mão de RSIs e PowerPoints. O design, por outro lado, favorece testes no lugar do planejamento sistemático, e sua abordagem é predominantemente experimental. Designers esperam repetir suas propostas para chegar a respostas cada vez "melhores"; portanto, designers criam protótipos com papel, isopor ou vídeo.

Finalizando, nos negócios quase sempre nos ancoramos ou no terreno da abstração produzindo visões corporativas formais na estratosfera ou no muito específico (você enviou o pedido?). O design, como prática, repete não só no tempo como também nos níveis. Ele se move continuamente para trás e para a frente entre níveis de abstração, entre a visão mais ampla e o concreto e busca conforto no tangível. Os designers criam modelos e protótipos que conferem realidade às ideias, em vez de planilhas e descrições de missão arvoradas em abstrações. Desta forma, eis o ponto a que chegamos:

	NEGÓCIOS	DESIGN
Premissas Básicas	Racionalidade, objetividade; Realidade fixa e quantificável.	Experiência subjetiva; Realidade como construção social.
Método	Análise voltada para provar "a melhor" resposta.	Experimentação voltada para a repetição em busca de uma resposta "melhor".
Processo	Planejamento.	Execução.
Motores Decisórios	Lógica; Modelos numéricos.	Insight emocional; Modelos experimentais.
Valores	Busca controle e estabilidade; Desconforto com a incerteza.	Busca a originalidade; Aversão ao *status quo*.
Níveis de Foco	Abstrato ou particular.	Movimento repetitivo entre abstrato e particular.

O que parece, então, é que os negócios são de Marte e o design é de Vênus (tomando emprestado um conhecido chavão). Nesse caso, por que ainda tentar juntá-los? Porque assim como muitos opostos eles têm muito a oferecer um ao outro.

Você não está mais em Kansas

No contexto da atualidade, cada vez mais acelerado e imprevisível, os negócios precisam do design justamente devido às diferenças que registramos:

Primeiro, design tem tudo a ver com ação, e os negócios muitas vezes empacam na etapa do discurso. Olhando de frente apesar de todo o planejamento, análise e controle, o registro histórico dos negócios quanto à tradução de sua retórica em resultados não impressiona. Os estudiosos que analisam essas coisas estimam que apenas algo entre 10% e 60% do retorno prometido por novas estratégias são de fato realizados.5 Um desempenho regular, mesmo para as estimativas mais otimistas. Práticas que tomam enorme quantidade de nosso tempo e atenção como redigir documentos de missão produzem resultados desestimulantes. Um estudo recente de caráter global constatou que impressionantes 82% das mais de 300 empresas pesquisadas tinham declarações de missão. Infelizmente, menos da metade dos gestores entrevistados considerava que tais declarações tinham algo a ver com a realidade do dia a dia de seu negócio.[6]

JEREMY ALEXIS, DESIGNER E PROFESSOR

Illinois Institute of Technology

"Quando me perguntam o que é design thinking, sempre me reporto a Gregory Treverton, analista de políticas da Rand Corporation, que observou: 'Existem dois tipos de problemas. Há os mistérios e os quebra-cabeças. Os quebra-cabeças são problemas em que, quando se tem o nível exato de transparência de dados, quando se obtém esse número absoluto, o problema pode ser resolvido'. O exemplo, citado por ele, seria encontrar Osama Bin Laden 'Se tivéssemos as coordenadas do GPS, saberíamos onde ele está.'.

Há outra categoria de problema, os mistérios, na qual não existe a mínima informação, não há nível exato de transparência de dados que realmente resolverá o problema. Na verdade, talvez haja dados em demasia e trata-se de interpretar todos os dados disponíveis. E é um problema mais rico, mais difícil, que exige mais sistemas pensantes, que requer prototipagem e experiências-piloto. É realmente onde designers muitas vezes mais se adéquam. O exemplo de Treverton neste caso é a reconstrução do Iraque: Não existe uma informação sequer que tornará a tarefa mais fácil. Resume-se a tentar coisas diferentes e experimentar e procurar seguir adiante na direção de uma solução... Jamais teremos informações suficientes. Jamais teremos a informação correta. Resta-nos interpretar o que temos agora e fazer o melhor possível. São os mistérios que empolgam os designers.

No mundo empresarial, é muito comum a crença de que podemos recorrer a quadros e relatórios em PowerPoint e levantamentos estatisticamente significativos para produzir ideias. São recursos que poderão funcionar no caso de melhorias graduais, mas se você deseja algo mais revolucionário, você tem de sair em campo, achar algo específico e experimentá-lo pessoalmente. Uma conhecida anedota diz que um advogado jamais lhe fará uma pergunta para a qual já não conheça a resposta. Com os designers dá-se justamente o oposto. Fazemos perguntas apenas se realmente não tivermos nenhuma ideia: Queremos ser esponjas e absorver as ideias das pessoas com quem trabalhamos. Ineficiência e ambiguidade são, ambas, condições do processo de design. É preciso haver tempo para reflexão e discordâncias. Isto é crucial para ideias novas, arrojadas e grandiosas. E também é o que torna os processos ineficientes. É importante ter tempo dentro do processo para dar um passo atrás, observar o que foi criado e enxergar as conexões que não estão sendo consideradas. Você precisa, ainda, de tempo para discordar, porque o bom design thinking tem a ver com reunir um conjunto diversificado de inputs.

Se você quer eficiência, pegue todos aqueles que pensam da mesma forma, e eles rapidamente chegarão a uma decisão. É o que funciona 80% das vezes. Nos outros 20% dos casos, porém, quando você precisa de algo revolucionário, inovador e criativo, não há como escapar da ambiguidade."

Todo esse discurso vazio dificulta cada vez mais a realização das coisas principalmente em grandes organizações. Dizemos aos gestores para serem "centrados nos clientes", porém cortamos suas verbas de viagens. Pedimos a eles que assumam riscos e os punimos pelos erros que cometem. E oferecemos a eles metas de crescimento ambiciosas e apenas planilhas do Excel para realizá-las. A realidade não funciona assim. Novos resultados requerem novas ferramentas e o design tem ferramentas de verdade que nos ajudam a sair das palavras para a ação.

Segundo, o design nos ensina a fazer as coisas parecerem reais, e a maior parte da retórica dos negócios de hoje permanece extremamente irrelevante para aqueles que deveriam fazer as coisas acontecerem. Executivos podem comprar e vender, contratar talentos, falar para Wall Street mas são incapazes de mudar uma organização sem um bocado de ajuda. As únicas pessoas que se importarão o suficiente para ajudar são aquelas para quem a estratégia é real. Coisas que são sentidas como reais, conforme o psicólogo William James registrou há mais de um século, são aquelas ao mesmo tempo interessantes e pessoalmente significativas. Elas são vivenciadas, não apenas proclamadas. Enquanto gestores exibem planilhas a suprema abstração designers contam histórias. Temos muito a aprender com o design sobre como contar uma história que cative uma plateia, que capte a dimensão da experiência e faça com que se sinta o futuro como algo real. Repare em qualquer apresentação criada por alguém de uma empresa de design e compare-a ao lixo de PowerPoint a que você é forçado a assistir diariamente no trabalho. E tenho dito.

Terceiro, o design é feito para lidar com a incerteza, e a obsessão dos negócios por análises é mais condizente com um mundo estável e previsível. Este é um tipo de mundo em que não mais vivemos. O mundo que costumava nos oferecer quebra-cabeças agora nos serve mistérios. E nenhuma quantidade de informações sobre o ontem resolverá o mistério de amanhã. Mesmo assim, conforme já observamos, grandes organizações são projetadas para a estabilidade e o controle e estão cheias de gente com poder de veto sobre novas ideias e iniciativas. São os "questionadores nomeados". Os poucos que são autorizados a tentar algo novo devem apresentar informações e dados para "provar" sua resposta e conseguir a implementação logo de primeira.

Os designers não têm tais expectativas. A incerteza para eles é "mamão com açúcar". Eles se dão bem com ela daí seu entusiasmo por experimentos e paciência com o fracasso. O design nos ensina a desapegar e a permitir mais caos na nossa vida. Os designers se apoiam na incerteza, enquanto os gestores muitas vezes a negam ou lutam contra ela. Mas nem todos os gestores. Ao estudarmos gestores bem-sucedidos no crescimento orgânico, encontramos uma atitude em relação à incerteza distintamente orientada por design.

Entretanto, não é a pura coragem que destaca os designers é ter um processo no qual acreditam. Conforme um designer nos disse recentemente sobre o que ele faz ao se sentir inseguro de poder arcar com um determinado desafio: "Creio no processo. Ele já me surpreendeu muitas vezes antes". A aceitação é altamente superior à negação num mundo que flui, mas o sucesso requer coragem e mais do que apenas uma atitude positiva. Os designers desenvolveram ferramentas como o mapeamento da jornada e a prototipagem para ajudá-los a gerenciar ativamente a incerteza com a qual esperam ter de lidar.

Quarto, o design entende que produtos e serviços são comprados por seres humanos e não mercados-alvo segmentados em categorias demográficas. Nos negócios, é fácil perder de vista quem está realmente por trás da "demanda". A realidade dos seres humanos e suas necessidades desaparecem quando eles são tabulados e computados em categorias, reduzidos ao status de preferências numa análise conjugada. Perdida nessa realidade está a profunda compreensão das necessidades que muitas vezes não chegam a ser articuladas que é o ponto de partida para o crescimento lucrativo. Esta realidade bagunçada de que o comportamento é guiado por mais do que lógica econômica é algo que os designers entendem bem. Eles dominam as habilidades da observação, de compreender os seres humanos e suas necessidades, enquanto os gestores aprendem mais a avaliar, uma atividade que raramente comporta o tipo de empatia que produz insights vívidos. Questionadores profissionais são muito melhores em julgar do que em criar. O Dr. Alan Duncan, da Clínica Mayo, observou:

OS CATALISADORES

No decorrer dos últimos quatro anos, um grupo de colegas, incluindo Jeanne, estudou gestores que tiveram êxito em atingir o crescimento orgânico em negócios estabelecidos. Eles penetraram em algumas das mais prestigiadas empresas americanas para chegar aos detalhes sobre como mais de 50 desses gestores haviam obtido sucesso, batizando-os de "Catalisadores" porque, semelhante aos catalisadores químicos, eles faziam coisas acontecerem rapidamente que não teriam acontecido sem eles, principalmente devido à sua capacidade de navegar habilmente num mundo de incertezas e recursos limitados. Eles nos ensinaram um conjunto de lições de crescimento.[8]

Não é preciso ir longe demais para encontrar oportunidades. Bem debaixo do seu nariz existem oportunidades para criar valores melhores para a clientela existente que fortalecerão suas relações com eles. Você só tem de conhecer muito bem seus clientes para enxergá-las.

Não é preciso apostar muito alto para ser bem-sucedido. Na verdade, apostas altas muitas vezes levam ao fracasso. Faça apostas pequenas e rápidas e aprenda, aprenda e aprenda.

A velocidade eletriza. Uma obsessão por velocidade promove uma série de consequências positivas poderosas e surpreendentes. Superar a letargia do "negócio de sempre" compensa.

SEIS COISAS QUE OS GESTORES SABEM... ESTÃO TOTALMENTE ERRADAS

Contando ou não com uma formação de MBA, os gestores tendem a seguir um conjunto de máximas que simplificam sua atuação profissional. Ditados do tipo "Mantenha o chefe informado" e "Às vezes é melhor pedir perdão do que pedir permissão" são bons exemplos. Infelizmente, algumas das antigas e confiáveis máximas não funcionam mais. Eis aqui seis mitos gerenciais comuns que, definitivamente, tornarão sua vida mais difícil.

Mito 1: Não faça uma pergunta cuja resposta você desconheça.

Esta é emprestada dos advogados de defesa e migrou para a corrente dos negócios, porque aparentar esperteza sempre parece ser estimulante para a carreira. Infelizmente, as oportunidades de crescimento não se restringem a questões fundamentais e soluções preconcebidas. A máxima melhor para os líderes de crescimento é:

Comece pelo desconhecido.

Mito 2: Pense grande.

Há sempre pressão para se ter certeza de que uma oportunidade é suficientemente grande, mas a maior parte das soluções realmente grandes começou pequena e ganhou corpo. Quão seriamente você consideraria o eBay (leilões online) ou o PayPal (depósitos em caução online)? Em algum momento do passado, o FedEx pareceu um mercado de nicho. Para aproveitar oportunidades de crescimento, é melhor começar pequeno e encontrar uma necessidade humana básica e profunda para atender. A máxima melhor para os líderes de crescimento é:

Concentre-se em atender necessidades humanas genuínas.

Mito 3: Se a ideia for boa, o dinheiro vem.

Muitas vezes os gestores olham com desdém para ideias infundadas, confiantes em que se a ideia fosse boa teria atraído dinheiro por mérito próprio. A verdade sobre as ideias é que não sabemos se são boas; só os clientes sabem. O Gmail parece absurdo: e-mail gratuito em troca da permissão para que um software leia suas mensagens e ofereça anúncios personalizados para seus aparentes interesses. Quem colocaria dinheiro nisso? A resposta, claro, é o Google. À luz disso, a máxima melhor para os líderes de crescimento é:

Semeie mirando pessoas e problemas certos, e o crescimento virá.

Mito 4: Meça duas vezes, corte uma.

Este funciona bem no contexto operacional, mas quando se trata de criar um futuro totalmente desconhecido, não há muito o que medir. E gastar tempo tentando medir o imensurável traz um conforto temporário, mas não reduz riscos. A máxima melhor para os líderes de crescimento é:

Faça apostas pequenas e rápidas.

Mito 5: Seja arrojado e decidido.

No passado, as culturas dos negócios eram dominadas por metáforas de competição (sendo aquelas relativas a esportes e guerra as mais populares). Durantes as décadas de 1980 e 1990, as fusões e aquisições passaram a prevalecer na linguagem. Por outro lado, o crescimento orgânico requer muitos cuidados, intuição e tolerância em relação à incerteza. Fazer apostas arrojadas foge ao que nossa máxima propõe:

Explore um leque variado de opções.

Mito 6: Venda sua solução. Se você não acreditar nela, ninguém acreditará.

Ao tentar criar o futuro, é difícil saber quando estamos no caminho certo. Tudo bem ser cético quanto à sua solução, mas esteja absolutamente certo de que tenha focado num problema de peso. Você a repetirá até atingir uma solução viável no devido tempo. Neste caso, propomos duas máximas calcadas no design:

Escolha um problema do cliente que mereça realmente ser tratado.

Deixe que os outros comprovem.

"Até o *design thinking* chegar na Clínica Mayo, éramos melhores em encontrar falhas em novos conceitos do que em realizá-los."[7]

Por todas essas razões, é fácil ser levado pela atratividade do design e pela crucificação dos negócios de sempre, mas vamos lembrar por que os negócios são do jeito que são e atuam do jeito que atuam. Os gestores são administradores de recursos alheios. Portanto, sempre haverá necessidade de processos analíticos cuidadosos que justifiquem investimentos estratégicos para as pessoas cujas inclinações naturais seguem aquela direção. Os "questionadores nomeados" da organização podem desacelerar a inovação, porém eles desempenham um papel importante na tomada de decisão prudente (não teríamos adorado mais questionadores avessos a riscos nas conversas em Wall Street que se tornaram tão criativos, com instrumentos financeiros inovadores como os derivativos?).

Existe uma tensão saudável entre criar o novo e preservar o melhor do presente, entre inovar com novos negócios e manter os saudáveis hoje existentes. Como gestor, você precisa aprender a administrar essa tensão, sem adotar todo um novo conjunto de técnicas e descartar o antigo por completo. O problema em muitas organizações estabelecidas de hoje não é que nossas abordagens analíticas sejam ruins é que elas são tudo o que temos, e, portanto, assim como o garotinho empunhando um martelo, tudo para nós parece cabeça de prego.

O futuro exigirá uma multiplicidade de ferramentas, do kit de ferramentas gerenciais um conjunto de design especialmente confeccionado para negócios novos e em crescimento num mundo de incerteza e outro analítico, feito para conduzir negócios estabelecidos num mundo mais estável e não dois conjuntos opostos liderados por grupos rivais de pessoas que não se comunicam umas com as outras. Para alguns gestores, uma abordagem de design parece natural. Para a maioria, não; em parte porque literalmente eles foram ensinados a fazer a coisa errada frente à incerteza que envolve o crescimento.

Foi dito a eles para "pensar grande" e não perder tempo com coisa miúda, para "provar" o valor de ideias novas usando dados históricos extrapolados, para sentar numa sala de conferência e exibir PowerPoints em vez de encontrar um cliente no mundo real e formar uma parceria num pequeno experimento. Por quê? Porque, novamente, construímos mentalidades e conjuntos de habilidades afinados com previsibilidade e controle. Não é de se surpreender que esses modos de pensamento e comportamento sejam um entrave quando o ambiente se torna imprevisível e incerto o lugar que o crescimento e a inovação chamam, inevitavelmente, de lar. Os gestores que recorrem apenas àquilo que foram ensinados não alcançarão a inovação da qual depende o sucesso de sua carreira.

Os gestores não estão precisando de um transplante do lado direito do cérebro que jogue fora o velho kit de ferramentas do lado esquerdo do cérebro é preciso que eles aprendam novas abordagens a serem acrescentadas ao kit de ferramentas que já possuem. Assim, antes de fazer descartes precipitados, reconheçamos que "o negócio de sempre" pode ajudar os gestores a fazer coisas que são difíceis para os designers. O design precisa da mentalidade dos negócios por boas razões:

Primeiro, porque a novidade nem sempre cria valor. Do lado oposto da defesa do *status quo* por conta de sua familiaridade está a busca da novidade apenas pelo seu ineditismo. O crescimento lucrativo requer ideias não apenas novas, mas que criem valor para alguém por causa dessa inovação.

Segundo, porque mesmo criar valor não basta. Para sobreviverem, as empresas devem cuidar de muito mais do que apenas criar valor para os clientes. É um primeiro passo importante, porém insuficiente. Para sobreviverem no longo prazo, os negócios precisam executar e captar parte desse valor que criam sob a forma de lucros. Isto requer pensar sobre questões como quão defensável é sua nova ideia ante a intrusão da concorrência e quão escalável ela é: podemos traduzir o pequeno experimento em um negócio significativo sem estragar a receita? Compreender o quesito "captura de valor" é muitas vezes difícil para designers, porém essencial para projetar novos futuros organizacionais lucrativos.

E terceiro, porque de quantas outras torradeiras e saca-rolhas estilosos precisamos? Não há nada de errado com os objetos descolados, mas o design tem potencial para oferecer bem mais que isso. O design tem o poder de

UMA VISÃO ABSURDA SOBRE A SEDUÇÃO DO "MAIS COISAS, MANEIRAS NOVAS"

Como prova de que o *design thinking* está pronto para novos desafios além da fabricação de produtos descolados, apresentamos o Anexo A: a linha de produtos extremos (e extremamente ousados) de Freddie Yauner, chamados Because We Can. Yauner formou-se em 2007 pelo Royal College of Art de Londres, e sua linha de produtos inclui:

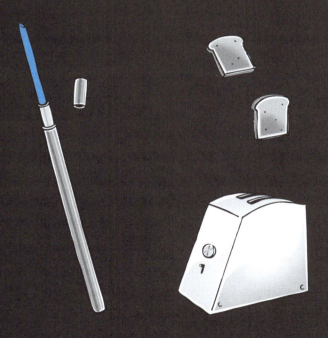

1. um batom que dura quase um ano (tem quase um metro);
2. o relógio que marca a hora com tamanha precisão que é impossível ao olho humano ler os dois últimos dígitos (acompanha uma câmera opcional que capta a imagem desses dois dígitos para que se possa saber a hora exata há alguns segundos atrás);
3. (nosso favorito) o Moaster, uma torradeira que atira a torrada até 5 metros para cima.

Ao ser indagado sobre o que o inspirava para criar esses objetos, Yauner entregou seu subtexto:

> **"Porque podemos fazer uma coisa não significa que devemos fazê-la".**

A meta satírica de Yauner é encontrar falhas na noção de "o maior, o melhor, o mais rápido", como forma de crítica à situação atual do design e do consumismo. A disciplina Design –ele acredita– está pronta para abordar alguns dos problemas mais desafiadores do mundo, em vez de simplesmente produzir "objetos que fingem nos tornar melhores ou realizar nossos sonhos."[9]

mudar o mundo e não apenas de embelezá-lo. E os negócios formam algumas das instituições mais poderosas sobre a Terra hoje em dia. Só construiremos um planeta melhor se fundirmos estas duas formas de trabalho e usá-las na condução de novos futuros que sejam relevantes.

Portanto será que negócio e design podem construir um futuro juntos? Deixe-nos dizer a você por que somos otimistas ao achar que sim. Primeiro, organizações semelhantes à sua estão fazendo isto neste exato momento e colocando-o em prática, com resultados sólidos. E, embora tenhamos enfatizado diferenças em nossa discussão, há também valores compartilhados. Existe um movimento convergente em torno de algumas das questões mais importantes de todas: por que estamos aqui? Qual é o nosso propósito? Os designers aprenderam que não se trata apenas de criar engenhocas descoladas e latas de lixo de US$ 200. As empresas aprenderam a lição dolorosa de que existem sérios inconvenientes na administração de cifras e na corrida pelo crescimento de dividendos trimestrais de ações como se isso fosse o Santo Graal. Cada vez mais, estamos reconhecendo que a medida fundamental do sucesso no design e nos negócios é se estamos realmente criando valor para alguém lá fora. A vida de alguém está melhor (além de alguma dimensão de sua escolha) devido aos nossos esforços? Sem isso, a lucratividade sustentável é uma miragem.

Há ainda em comum a questão dos dados informativos. É claro, sabemos que os gestores adoram isso mas existe um mito difundido de que os designers não, que design é sinônimo de "improviso". Talvez quando exercido por arquitetos célebres e divas da moda, sim, mas no fundo, o design é tão orientado por dados quanto as abordagens da gerência tradicional. Trata-se apenas de um tipo diferente de dado: bons designers dedicam tempo a tornar suas ideias concretas e saem em campo para colher dados da vida prática em vez de aproveitar dados do passado. Dessa forma, eles contrariam outro conceito errôneo popular o de que uma abordagem de design é mais arriscada do que uma abordagem tradicional de negócios. Quase que o oposto é que é verdadeiro: os gestores precisam aceitar que sua crença básica de que "análise = risco reduzido" está equivocada frente à incerteza. Esconder-se no escritório, usando resultados financeiros questionáveis do passado para prever o futuro é a coisa mais arriscada a fazer.

A incerteza impera quando sua meta é crescer. Não é possível evitá-la ou negá-la e obter os resultados de crescimento que deseja. Isto não significa, porém, que você é impotente para fazer qualquer coisa a respeito. Você não pode rechaçá-la, mas pode administrá-la em vez de permitir que ela o administre.

Vamos olhar mais de perto como o processo e as ferramentas do design podem ajudá-lo a minimizar o risco e maximizar a oportunidade neste mundo louco em que vivemos.

CAPÍTULO 2:
QUATRO PERGUNTAS, DEZ FERRAMENTAS

Lembra-se do desenho do processo de design no Capítulo 1? Este é o nosso:

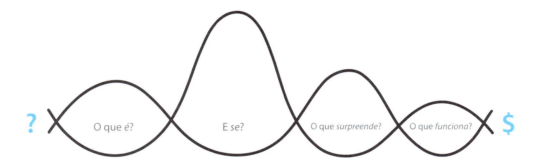

Começamos e terminamos no mesmo lugar que Tim Brennan da Apple, só que desenrolamos o emaranhado de fios, traçando um processo gerenciável. Apesar de muito vocabulário modernoso como "ideação" e "cocriação", o processo de design lida com quatro questões bem básicas, correspondentes aos quatro estágios do processo: **O que é? E se? O que *surpreende*?** e **O que *funciona*?** O estágio **O que é** explora a realidade vigente. **E *se*** imagina um novo futuro. **O que *surpreende*** faz algumas escolhas. **O que *funciona*** nos coloca no mercado. O alargamento e o estreitamento das faixas em torno de cada pergunta representam aquilo que os designers chamam de raciocínio "divergente" e "convergente". Na parte bem inicial de cada estágio do processo de *design thinking,* vamos pouco a pouco expandindo nosso campo de visão, olhando o mais amplamente possível o entorno de modo a não sermos pegos pelo habitual enquadramento do problema e conjunto de soluções preexistentes. Depois de criarmos um novo conjunto de conceitos, começamos a reverter o processo convergindo progressivamente, afunilando nossas opções para chegar à mais promissora.

O *design thinker* usa dez ferramentas fundamentais para abordar as quatro perguntas, a fim de navegar dentro do padrão dos raciocínios divergente e convergente. Estas são as ferramentas necessárias para criar novas possibilidades e (igualmente importante) reduzir o risco, ao administrar a incerteza inevitável do crescimento e da inovação. O restante do livro vai destrinchar cada um destes estágios e ajudá-lo a aplicá-los aos seus próprios desafios. Primeiro, queremos olhar para o modo como o processo se desdobra, ao longo das quatro perguntas, e como cada ferramenta se encaixa nele, reconhecendo que este modelo impõe uma linearidade artificial sobre um processo muito fluido.

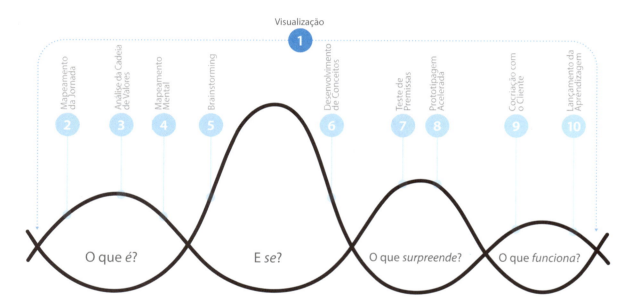

Para começar, queremos chamar a atenção para uma ferramenta de design muito especial: visualização (ferramenta 1). Esta é realmente uma "meta" ferramenta, tão fundamental para a forma como os designers trabalham que praticamente aparece em cada estágio do processo do design para o crescimento. Muitas vezes a visualização faz parte das demais ferramentas a serem consideradas. É uma abordagem para identificar, organizar e comunicar de forma a acessar o pensamento com o "cérebro direito" e, ao mesmo tempo, diminuir nossa dependência dos meios do "cérebro esquerdo", tais como números. A visualização insere representações visuais de forma consciente nos processos de trabalho e se concentra em dar vida a uma ideia, simplificando a colaboração da equipe e (com o tempo) criando histórias que acertam em cheio a forma como os designers cultivam a empatia em cada fase de seu trabalho e a usam para gerar empolgação por novas ideias.

O que *é*?

Fique longe dessa bola de cristal

Toda inovação bem-sucedida começa por uma avaliação precisa do presente, da realidade vigente. Deixamos a bola de cristal para mais tarde. Soa contraditório, não? Quando pensamos em algo novo, geralmente pensamos no futuro não no presente. Por que não começar por aí?

Por muitas razões: primeiro, precisamos prestar atenção redobrada no que está acontecendo hoje para identificar o verdadeiro problema ou oportunidade que queremos atacar. Muitos gestores jogam fora todos os tipos de oportunidades de crescimento antes mesmo de começarem, ao formular o problema de modo demasiadamente estreito. Por muitos anos, os desenvolvedores de produto da P&G se concentraram em melhorar os detergentes usados em limpeza de chão. Certo dia, perceberam (com a ajuda do *design thinking*) que o que os clientes realmente desejavam eram um chão mais limpo, e isso poderia ser conseguido com outro tipo de solução que não o detergente tal como um esfregão de melhor qualidade. O insight produziu um imbatível best-seller sob o nome de *Swiffer*, uma iniciativa de crescimento que trouxe de volta um produto inventado na Idade Média (quiçá antes). Pesquisas frutíferas voltam às origens: qual a tarefa a ser realizada?

Algo engraçado costuma acontecer se prestarmos mais atenção àquilo que os clientes estão querendo descobrimos que as dicas para o novo futuro estão nas insatisfações com o presente. E não apenas quando a inovação que você está buscando for

AS DEZ FERRAMENTAS

1. **Visualização:** usar representações visuais para imaginar possibilidades e dar-lhes vida
2. **Mapeamento da Jornada:** avaliar a experiência em curso pelos olhos do cliente
3. **Análise da Cadeia de Valores:** avaliar a cadeia de valores vigente que embasa o dia a dia do cliente
4. **Mapeamento Mental:** gerar insights com base em atividades de exploração e usando-as para criar critérios de design
5. **Brainstorming:** criar novas possibilidades e novos modelos alternativos de negócio
6. **Desenvolvimento de Conceitos:** conjugar elementos inovadores numa solução alternativa coerente que pode ser explorada e avaliada
7. **Teste de Premissas:** isolar e testar premissas-chave que levarão ao êxito ou ao fracasso de um conceito
8. **Prototipagem Acelerada:** expressar um novo conceito numa forma concreta de exploração, teste e refinamento
9. **Cocriação com o Cliente:** envolver os clientes para participarem na criação da solução que mais se adequar às suas necessidades
10. **Lançamento da Aprendizagem:** ccriar um experimento acessível que permita aos clientes vivenciarem a nova solução por um período mais longo de tempo, para testar as premissas-chave com os dados de mercado

adicional. Em última análise, o crescimento tem sempre a ver com solucionar problemas dos clientes, mesmo que eles ainda não saibam que têm um. No entanto, se você prestar atenção suficiente em suas vidas e frustrações, perceberá o que eles não conseguem enxergar. Você tem de atender os clientes onde eles estão hoje, de modo a levá-los para onde acha que eles precisam estar. Assim, o lugar mais promissor de iniciar qualquer busca de crescimento é descobrir do que os clientes não gostam hoje e identificar as concessões que eles prefeririam não ter de fazer.

Esta é precisamente a abordagem que os executivos da Assistência à Saúde do Cliente da Pfizer usaram para lidar com um de seus desafios de crescimento. O Nicorette, principal produto antitabagista da empresa, tinha alcançado um platô. A Pfizer estava infeliz com o desempenho do Nicorette, em todos os sentidos da palavra. As vendas e os lucros haviam estagnado. Talvez ainda mais perturbador parecia que o produto não estava funcionando muito bem. Os executivos da Pfizer chegaram a uma estimativa de que os fumantes faziam sete tentativas malogradas antes de finalmente abandonarem o hábito. O que não era bom o suficiente, na visão deles. Então, a Pfizer estabeleceu a meta de fazer a marca crescer significativamente tanto em vendas quanto em desempenho. Contrariando a abordagem do "negócio de sempre", a equipe da Pfizer decidiu por usar o *design thinking* para poder crescer.

A equipe do Nicorette começou escolhendo um grupo de clientes para conhecer melhor. Os executivos da Pfizer escolheram focar num grupo de clientes mais predispostos à mudança: jovens fumantes. O mercado de maior crescimento quanto a este grupo-alvo situava-se na Europa, e, assim, eles fixaram uma equipe em

CHRISTI ZUBER

Christi Zuber se descreve como "uma enfermeira apaixonada por design". Depois de atuar em enfermagem de cirurgia ambulatorial e saúde domiciliar, ela fez mestrado em Administração da Saúde e entrou para a Kaiser Permanente, um dos maiores provedores de assistência médica dos Estados Unidos.

Christi se expôs ao design pela primeira vez quando um dos executivos da Kaiser Permanente viu o infame vídeo do carrinho de compras da IDEO. Ele perguntou a Christi se a metodologia de design thinking da IDEO poderia ser replicada dentro da Kaiser Permanente. Assim, ela recrutou um punhado de pioneiros (nenhum deles com formação em design) e levou adiante seu primeiro projeto, focando no atendimento pré-natal e o dia a dia de uma mulher grávida.

DESIGN THINKER

> "Muitos de nós aprendemos o raciocínio crítico e a crença de que, se entrarmos numa sala de conferência com um número suficiente de pessoas inteligentes, sairemos dali com a resposta perfeita. Fazer isto fez-me compreender que nunca há uma resposta perfeita e que nem se consegue uma aproximada sentado numa sala de conferência. É preciso sair da empresa e colocar a 'mão na massa' com o que você está tentando fazer. Você tem de se envolver com as pessoas cuja experiência está tentando mudar, precisa compreender suas verdadeiras necessidades."

Londres. Ao adotar uma abordagem de *design thinking*, os executivos da Pfizer se dedicaram ao desenvolvimento de uma profunda compreensão dos comportamentos básicos desses fumantes além do simples fato de que eles eram viciados em nicotina. Eles observaram a rotina diária deles, seguindo-os em casa e no escritório, tentando entender como o hábito de fumar e suas tentativas de largar o hábito se encaixavam no panorama geral da vida deles, o significado que tinham para eles. A pesquisa desvelou um insight surpreendente: os fumantes que queriam deixar o cigarro não achavam que o hábito era um problema de saúde. Não queriam tomar remédio para "curá-lo". Em vez disso, viam o fumo como uma escolha de estilo de vida e queriam ter mais controle sobre ela. Eles acreditavam que, um dia, fariam uma escolha diferente, vindo, por fim, a abandonar o hábito. Uma vez tendo compreendido como os clientes encaravam a questão do abandono do hábito, os gestores da Pfizer se sentiram confiantes para poder conceber propostas mais eficazes para eles.

Na Seção II deste livro, exploramos o presente em profundidade. Primeiro, focamos nos clientes que desejamos atender. O design oferece uma série de ferramentas etnográficas, como o **mapeamento da jornada (ferramenta 2)** do cliente, para ajudar-nos a avaliar o potencial de uma ideia para criar valor. É uma ferramenta que ensina a "seguir os clientes em casa" e a desenvolver uma compreensão profunda de sua vida e dos problemas que enfrentam, de modo que possamos aplicar nossas habilidades organizacionais.

Em nossas explorações, é importante também avaliar o potencial para captar valor (ou seja, a lucratividade). Portanto, temos de mergulhar fundo na cadeia de valores em essa nova ideia provavelmente será implementada. Quais os jogadores poderosos? Quais os seus incentivos? Será que vão querer e poder nos ajudar? Informações precisas quanto às próprias capacidades e recursos de sua organização (e as referentes aos principais concorrentes) são igualmente fundamentais. E vamos querer reconhecer logo cedo os recursos que nos faltam e localizar o parceiro adequado para supri-los. Tudo isso envolve uma **análise da cadeia de valores (ferramenta 3)**.

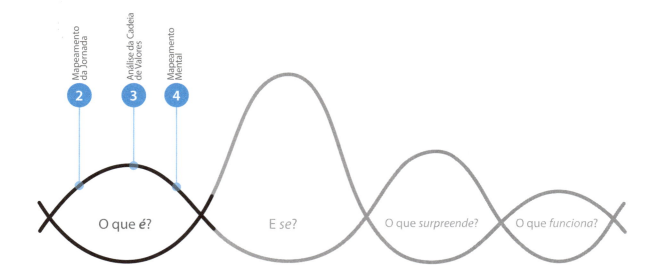

Em nosso exemplo da Pfizer, a pesquisa trouxe insights importantes, não só em relação à forma como os fumantes entendiam seu "problema" como também quanto à questão mais ampla do que era necessário para deixar o hábito. A equipe da Pfizer deu-se conta de que o Nicorette, em geral, não funcionava tão bem isoladamente; o êxito envolvia um programa em várias frentes, considerando aconselhamento, hipnose e algum tipo de grupo terapêutico ou de apoio. Nenhuma dessas frentes parecia oportunidade para alavancar as forças da organização. A Pfizer precisaria se posicionar dentro de uma nova cadeia de valores, em conformidade com parcerias capazes de prover benefícios complementares.

Quando é que você sabe que já explorou o suficiente? Isto é sempre uma decisão. Há uma enxurrada de informações de baixa qualidade disponíveis em fontes como a internet. Informações de boa qualidade, porém, costumam exigir pesquisa de campo, que é cara e consome tempo, portanto não queremos procurar por dados de que não precisamos. Descobrir o que é necessário nem sempre é fácil. No entanto, tenha em mente que o objetivo primordial neste estágio de exploração não é montar um "caso de negócio" em relação a determinada ideia. Isso virá mais tarde. A meta aqui é preparar-se para conceber ideias e não para avaliá-las.

Os designers criaram uma série de ferramentas para procurar padrões e avaliar seu sentido na profusão de dados colhidos neste estágio exploratório. Uma das abordagens é o que chamamos de **mapeamento mental (ferramenta 4)**, que ajuda a organizar a grande quantidade de informações que recolhemos e a extrair delas insights sobre as qualidades das inovações de que precisamos. Em seguida, recorremos a estes critérios de design para conceber ideias no estágio seguinte.

E *se*?

Busque possibilidades

Sintetizados os dados e identificados os possíveis padrões, as ideias começam a pipocar na cabeça livremente. Passamos a considerar novas possibilidades, tendências e incertezas. Mesmo sem tentar de forma consciente, vamos começando a desenvolver hipóteses quanto aos possíveis contornos de um futuro desejável.E, assim, é hora de sair do estágio **O que *é*** de exploração de dados para a pergunta mais focada em criatividade, **E *se*?** É o que faremos na Seção III.

Neste estágio, estamos cara a cara com o futuro. E somos tentados a perguntar, "Onde foi que eu deixei aquela bola de cristal?" Começamos a imaginar (pegando emprestadas as palavras dos historiadores Richard Neustadt e Ernest May) o ponto em que o futuro divergiria dos fluxos familiares do passado, como nossos insights poderiam se traduzir em novas possibilidades.[10] Os designers chamam este estágio de ideação.

De modo a conceber ideias verdadeiramente criativas, é fundamental começar com possibilidades. Nos negócios, em nossas tentativas de sermos "práticos", é bem comum começarmos pelas limitações. Isto é fatal para o pensamento transformador. Se começarmos aceitando tudo aquilo que nos impede de fazer melhor alguma coisa, nossas concepções para o amanhã, inevitavelmente, parecerão muito com as que temos hoje. A única esperança que temos em prol de uma criatividade verdadeira está em ignorarmos alguns impedimentos básicos para identificarmos um novo conjunto de possibilidades. É aí, então, que a criatividade de fato aparece descobrindo como retirar tais limitações do seu caminho. É preciso muito fôlego para fazer isso e ele é conseguido numa discussão sobre boas possibilidades que fortalece o árduo trabalho de superar limitações. Em muitas das inovações em negócios em que estivemos envolvidos, a criatividade que realmente importa está em como o novo futuro foi realizado, e não o que ele parecia. Conforme o poeta Eric Hoffer observou, há poucos estímulos à criatividade mais poderosos do que dizer a você que não pode fazer aquilo que deseja.

Durante o estágio **O que é**, vimos como os clientes costumam imaginar seus problemas e os modelos mentais e limitações que impomos a eles. Agora, usaremos estas informações para formular hipóteses sobre novas possibilidades.

Os executivos da Pfizer formularam uma hipótese em relação a uma nova abordagem para alcançar os clientes: e se, em vez de apresentar médicos de jaleco ajudando fumantes com um problema de saúde causado por uma dependência química, a empresa pudesse oferecer *coaches* em conjuntos de moletom, estimulando fumantes a adotarem um programa de treinamento diferente? A Pfizer sabia que também precisava incorporar o Nicorette a um programa antitabagista de múltiplas frentes que contemplasse não apenas o vício, mas escolhas mais amplas de estilo de vida. A empresa esperava encontrar uma forma de obtê-lo sem investir em elementos concretos, em cimento e tijolo, como academias e clínicas. Por fim, a equipe encontrou uma pequena firma na Escandinávia que tinha desenvolvido um programa de mudança de comportamento baseado em mensagens personalizadas de alerta, enviadas pelo celular.

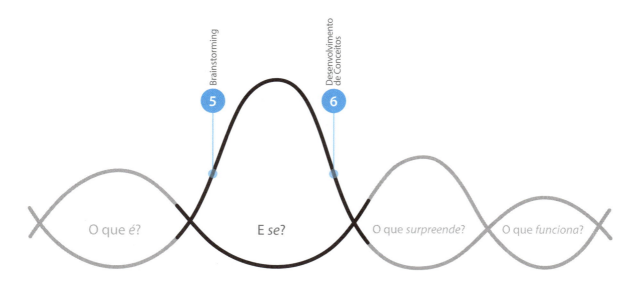

Abordaremos o desafio da ideação usando uma ferramenta conhecida, o **brainstorming (ferramenta 5)**, embora o apliquemos com mais estrutura do que o tipo de abordagem mais livre, usado mais comumente. É fundamental uma abordagem disciplinada ao brainstorming de modo a superar as armadilhas que lhe são inerentes. Uma razão básica para a insuficiência do brainstorming é a falta de um processo formal para converter as informações resultantes em algo de valor. Outra ferramenta do design thinking que apresentamos aqui, o **desenvolvimento de conceitos (ferra-**

DIANE TY

Diane Ty passou dez anos na American Express, em marketing de produto e desenvolvimento de novos produtos. Com graduação em Ciência Política e com MBA pela Wharton School, ela não havia sido formalmente exposta ao design até ir trabalhar na AARP e assumir o desafio de ajudar jovens de vinte e poucos anos a refletirem sobre aposentadoria usando ferramentas de *design thinking* para chegarem lá.

Diane não queria cair na armadilha de conseguir, via brainstorming, muitas ideias que nunca viriam a ser exploradas. Para ela, o *valor das ferramentas de design thinking reside nos passos claros a serem seguidos, para melhorar e validar conceitos junto aos usuários.*

"Minha formação é muito focada no consumidor. Vivenciei a ideação clássica diversas vezes, a do tipo em que você reúne uma porção de colegas e faz o brainstorming com muitas ideias diferentes. Sempre me decepcionei ao chegar ao ponto de testar para ver se qualquer daquelas ideias era viável, capaz de ser colocada em prática. O design thinking foi uma abordagem interessante para mim por ser diferente da ideação habitual."

DESIGN THINKER

menta 6), tomará o resultado do processo de brainstorming, organizando-o em agrupamentos coerentes e formando um "conceito" sólido com os agrupamentos mais convincentes. Saímos de dados para insights em nossa primeira fase; nesta agora, sairemos dos insights para as ideias e daí para os conceitos. As ideias costumam caber numa folha de Post-it, mas conceitos requerem um pôster.

Agora, tendo desenvolvido algumas hipóteses (sob forma de conceitos) acerca de novas possibilidades para criar valor para nossos clientes, capazes de levar a um crescimento lucrativo, vamos começar a pensar de forma sistemática sobre priorização dos conceitos a que chegamos e descobrir o que surpreende.

O que surpreende?

Encontre a solução favorável

Se tudo tiver caminhado bem nos estágios precedentes, provavelmente teremos uma quantidade exorbitante de conceitos novos para desenvolver. Uma empresa com que trabalhamos recentemente gerou mais de 300 ideias de interesse, que foram enxugadas para 23 conceitos. Destes, apenas cinco acabaram sendo levados para teste de mercado durante o estágio **O que *funciona***. De forma bem clara, é preciso muita priorização. Temos de fazer algumas escolhas. E então na Seção IV, saímos do modo **E *se*** de concepção de hipóteses para uma estratégia de **O que *surpreende*** para selecionar os conceitos até atingir um número viável. Procuramos por aqueles que carregam um "uau" em potencial, que acertam na solução favorável, na qual a chance de uma reviravolta nos valores do cliente se combina com um potencial atraente de lucro. Esta é a zona que surpreende, que provoca um "uau".

Isto requer que comecemos com algum tipo de avaliação dos únicos dados de que dispomos informações sobre o hoje. Novamente, tenha em mente que não estamos "provando" o valor de uma ideia; estamos apenas prontos para fazer alguns experimentos de reflexão para começar a avaliar que aparência teria o nosso caso de negócio. Pelo fato de muitas vezes ser difícil avaliar o potencial de um conceito em longo prazo, queremos transitar cuidadosamente para que, sem querer, favoreçamos conceitos diferenciais e descartemos os mais radicais.

A boa notícia é que temos à nossa disposição uma abordagem que tem sido pouco usada nos negócios, mas que é bem mais útil para avaliar inovações iniciais do que padrões de medida mais perniciosos, porém ainda bastante usados como o RSI (retorno sobre o investimento). Este é o velho e bom método científico. O método científico usa tanto o raciocínio criativo quanto o analítico. É o que o torna uma ferramenta tão útil quando queremos ser imaginativos ao buscar possibilidades e rigorosos em descobrir quais devemos perseguir. Diferentemente do brainstorming, ele não nos pede para deixar nossa mente analítica de fora. Convida ambos os lados do cérebro, o direito e o esquerdo, para o processo e é talhado para lidar com situações envolvendo muitas incógnitas. Ele consegue tudo o que foi descrito acima tratando nosso novo conceito como uma hipótese e testando-a em seguida.

O processo começa pelas hipóteses geradas pela pergunta **E se** que acabamos de comentar. Em seguida, essas novas possibilidades (que são suposições realmente fundamentadas sobre alguma coisa que, em nossa opinião, será provavelmente uma boa ideia) são testadas, com a indagação: "Sob que condições essa hipótese seria, de fato, um bom negócio?". Ou em outras palavras "O que precisa provar-se verdadeiro para que meu conceito seja bom?". A ideia é expor e testar as premissas que sustentam cada hipótese. As hipóteses que "passam" por este primeiro conjunto de testes são fortes candidatas a se tornarem experimentos reais, que serão realizados no mercado. E, portanto, o **teste de premissas** (Ferramenta 7) é uma das flechas mais poderosas que o designer e o gestor carrega na aljava. Lembre-se, a meta aqui não é descobrir a "verdade" é fazer escolhas melhores sob condições de incerteza.

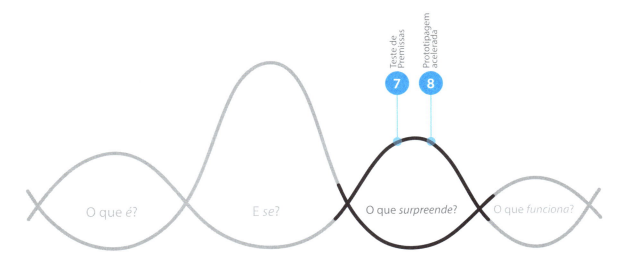

Todo design é, em essência, guiado por hipóteses, que, no mundo do design, é a abreviação para dizer que as soluções criadas são resultantes de um processo repetitivo ao invés de linear. Ou seja, o design começa com uma solução tentativa com a intenção de melhorá-la mediante experimentação. Pense no progresso de um arquiteto ao longo de uma série de representações físicas de seu trabalho de esboços para modelos em papelão, daí para maquetes em madeira e, então, talvez, para os modelos em 3D de hoje tudo isso antes que uma única pá de terra seja levantada no local da obra.

Assim, depois de testar nossas premissas com todo o cuidado possível, dadas as informações disponíveis, é hora de passar para a coisa de fato a experimentação no mercado, que nos permite coletar dados em tempo real sobre nosso novo conceito. Para fazer isso, temos de tomar os conceitos que passaram com êxito pelo nosso processo de filtragem e traduzi-los para algo prático um protótipo.

Fazer a **prototipagem acelerada (ferramenta 8)** de uma nova ideia de negócio parece uma tarefa desafiadora. Até as palavras assustam. Mas o que estamos falando aqui é pegar os conceitos criados no estágio **E** *se* que passaram por nossos testes de filtragem e transformá-los em algo suficientemente concreto para provocar conversas com as partes interessadas (como clientes e parceiros). Nossa intenção aqui é criar manifestações visuais (e por vezes vivenciáveis) dos conceitos. Ao atribuir detalhes, forma e matizes aos nossos conceitos, podemos facilitar a conversa e o feedback sobre o que necessita de melhoria.

A prototipagem deve ser sólida e rápida. Os designers falam sobre protótipos de "baixa fidelidade" (baratos), bons o suficiente para serem partilhados com aqueles cuja opinião nos é valiosa. É tudo o que precisamos, porque fazemos protótipos mais para aprender do que para testar um produto acabado em termos teóricos. Isto nos permite errar mais rápido, identificando áreas que podem ser melhoradas, ao mesmo tempo concordando com aquilo que está funcionando eficazmente. Uma fase sólida de prototipagem pode identificar e corrigir problemas em potencial e assegurará uma implementação mais tranquila. Conforme Frank Lloyd Wright observou, é mais fácil usar a borracha na prancheta do que uma bola demolidora no canteiro de obras. Apesar da forma que os protótipos assumem, o foco está em captar detalhes sobre a forma como o modelo vai funcionar e como as pessoas vão vivenciá-lo. Lembre-se da meta: criar uma história cativante que faça sentido e que faça com que a ideia pareça real para seus colaboradores.

Na Pfizer, a equipe criou um protótipo de um novo programa de mudança de comportamento, combinando a plataforma de TI da empresa escandinava, feita para o abandono do cigarro, com outros elementos do modelo de negócio, tais como maior interatividade dos usuários e elementos da rede social como o apoio da família. Cada um desses elementos foi prototipado, usando-se ferramentas como capturas de tela e painéis de história. Os clientes eram chamados para participar das interfaces e fornecer suas reações à equipe de design.

O que funciona?

Hora de cair na real

Finalmente! Estamos prontos para lançar e aprender com o mundo lá fora. Primeiro, vamos experimentar um protótipo de baixa fidelidade com alguns clientes e ver o que acontece. Havendo êxito, construiremos um protótipo mais sofisticado da nossa ideia e ver se há clientes interessados em colocar dinheiro nela. Este é o foco da Seção V.

Uma abordagem particularmente poderosa para determinar o que funciona envolve convidar o cliente para uma conversa, para participar de forma ativa, pondo as mãos na massa. A ferramenta que usaremos aqui é a **cocriação com o cliente (ferramenta 9)**. Não existe maneira mais eficaz de reduzir riscos em qualquer iniciativa de crescimento do que engajar os clientes em seu design.

Com o protótipo melhorado em mãos, estamos agora prontos para ir para o mercado. Para tal, ofereceremos uma ferramenta que chamamos de **lançamento da aprendizagem (ferramenta 10)**, que leva seus conceitos de desenvolvimento a campo. Ao projetar o lançamento, você vai querer novamente ser explícito quanto à busca de informações contestadoras. São as informações que invalidam suas hipóteses. É o tipo mais valioso de informação a se encontrar e o mais fácil de deixar escapar. A fim de melhorar sua capacidade para detectá-las, é preciso definir, antecipadamente, a aparência que essas informações contestadoras assumiriam.

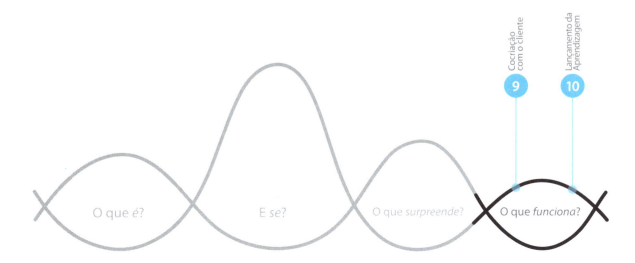

Inclui-se no lançamento da aprendizagem a atenção para outra importante tarefa: o design do acesso. Como lançar sua nova oferta de forma a persuadir melhor o cliente, levando-o a experimentá-la? Sem o teste, todo aquele potencial de criação de valor é apenas isso um potencial. Assim, você vai precisar prestar atenção em como conseguir a conscientização quanto à sua nova oferta e daí para o teste.

Ao prosseguir, tenha em mente alguns dos princípios deste estágio de aprendizagem atuante: trabalhe em ciclos rápidos de feedback. Minimize o custo de execução de seus experimentos. Erre logo para acertar mais cedo. Teste logo as principais premissas e concessões. E, o mais importante, jogue com os protótipos em campo em vez de defendê-los.

A equipe da Pfizer testou três diferentes abordagens de acesso: colocar a oferta na prateleira do varejista, vendê-la, recorrendo a intermediários como empregadores ou corretores de seguros e vendê-la diretamente pela internet. Para surpresa dos executivos, a oferta colocada nas prateleiras do varejo dali não saiu. A venda por meio de intermediários mostrou-se muito lenta para atender metas de crescimento. A terceira opção, a internet, surgiu como a grande vencedora do lançamento da aprendizagem, embora a Pfizer nunca tivesse recorrido a esse canal antes.

Antes de apresentá-lo às dez ferramentas mais detalhadamente, há ainda um ingrediente necessário para que você se torne um *design thinker*.

Recursos da Gestão de Projetos

Para ser bem-sucedido no controle do poder do design thinking para o crescimento de um negócio, é preciso mais do que experimentar as dez ferramentas de *design thinking*: você precisa gerenciar o projeto de crescimento em si. Não é tão fácil quanto possa parecer. Você está reunindo grandes quantidades de informação, lidando com ambiguidade e incertezas significativas e trabalhando com parceiros novos, internos e externos todos sob a pressão de prazos a cumprir e recursos limitados. Com todas estas ferramentas novas e novos tipos de dados, o trem pode facilmente descarrilar.

Para garantir que isso não aconteça, vamos apresentar quatro recursos da gestão de projetos (RGPs) ainda neste capítulo (consulte o Apêndice para descrições e quadros mais detalhados). Os RGPs não são ferramentas de design não se referem a conceber ou testar ideias. Na verdade, são protocolos de comunicação que ligam o processo de design thinking às estruturas de gestão de projetos estabelecidas da organização. Eles o ajudarão a controlar o projeto, pela captação sistemática do aprendizado em cada estágio, codificando decisões e fazendo a transição de um estágio para o seguinte e integrando os resultados num projeto de crescimento bem-sucedido. O diagrama à direita mostra o propósito de cada recurso da gestão de projetos e como se ajustam entre si.

QUATRO PERGUNTAS, DEZ FERRAMENTAS 35

RECURSO DA GESTÃO DE PROJETOS	PROPÓSITO
RGP 1 **Síntese do Design**	• Formaliza o projeto de crescimento • Define metas, recursos, cronologias etc., • Serve de "norte" ao longo do projeto
RPG 2 **Critérios de Design**	• Estabelece critérios para avaliar designs alternativos (com base no estudo das necessidades dos usuários e requisitos do negócio) • Torna-se parte da síntese do design
RGP 3 **Esboços de Guardanapo**	• Cristaliza a comunicação de conceitos de solução (depois do brainstorming e desenvolvimento de conceito) • Descreve cada uma das poucas (3-5) melhores soluções que atendem aos critérios de design num quadro que permite comparação de soluções compatíveis
RGP 4 **Guia de Aprendizagem**	• Define um nível acessível de recursos a serem investidos em aprendizagem, sejam (ou não) viáveis os 2 ou 3 conceitos principais.

A parte inferior do nosso modelo de *design thinking* (abaixo) mostra onde cada RGP se encaixa no processo.

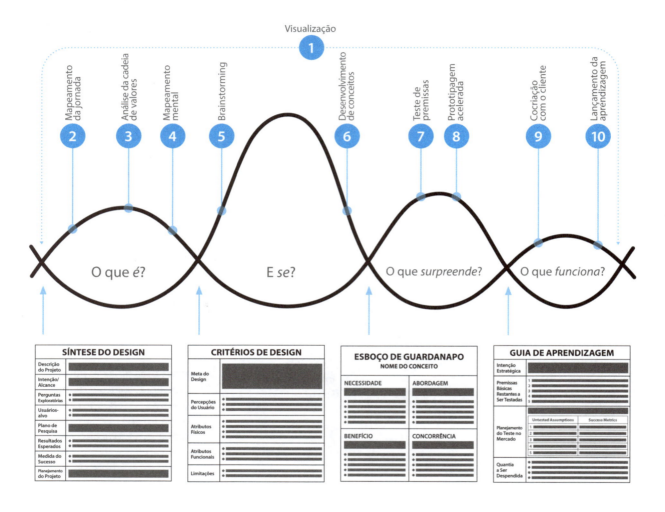

Este, portanto, é o processo do *design thinking*: quatro perguntas, dez ferramentas e os recursos da gestão de projetos. Isso é tudo.

Alerta!

A incorporação do *design thinking* em sua busca de crescimento vai exigir de você um pouco de paciência. A maior parte das empresas, por mais bem-intencionadas e empolgadas quanto à inovação, não é uma P&G ou Google; elas ainda não "captaram o espírito da coisa". Há chances de que a sua seja uma dessas empresas. Provavelmente, todo tipo de obstáculo vai aparecer no seu caminho enquanto você estiver sendo solicitado a encontrar novas oportunidades de crescimento. Esse desafio conduzir um projeto de design por toda a organização é o assunto de nosso capítulo final.

Gestores empenhados em inovar negócios ou criar novos em grandes burocracias precisam de toda a ajuda disponível. E o design pode, de fato, ajudar. E muito. Então, vamos começar a mostrar-lhe como.

SEÇÃO II:
O que *é*?

NESTA SEÇÃO

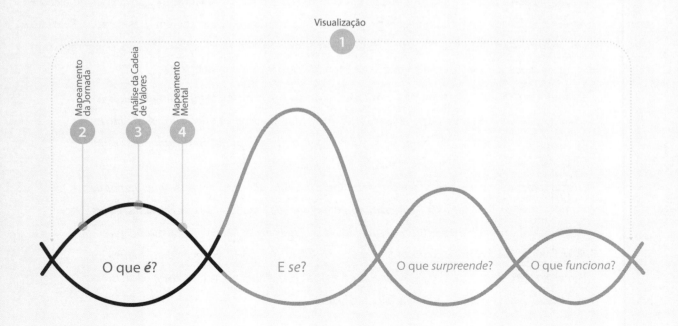

Como diretora administrativa de desenvolvimento de marketing estratégico na AARP, organização sem fim lucrativos dedicada a servir americanos com mais de 50 anos, Diane Ty encarava um desafio comum: como conquistar futuros membros na geração seguinte, prestando serviços aos membros efetivos no presente. O que pegava aqui era que o nome da AARP era praticamente sinônimo de "aposentadoria", um conceito distante para muitos americanos menores de 50.

Fundada em 1947 por um ex-diretor de escola secundária desejoso de ajudar professores aposentados a encontrarem seguros de saúde, a AARP crescera, passando a ser uma organização com mais de 40 milhões de associados. Apesar das mudanças sociais profundas, verificadas na segunda metade do século XX, ela permaneceu focada em seus princípios de origem: promover a independência, a dignidade e a qualidade de vida dos mais idosos. Assim como qualquer organização de olho no futuro, a AARP estava preocupada em como se posicionar frente a uma nova geração de membros provavelmente bem distinta da atual.

Entra Diane Ty, com MBA de Wharton e com experiência em produtos de consumo básico e na esfera não lucrativa. Sua atribuição, apelidada de Projeto Prepare-se, visava explorar a seguinte pergunta: o que a AARP poderia oferecer de valor e relevância para gente mais jovem, dada a forte associação da marca à turma acima de 50?

Diane e sua equipe começaram com a hipótese de que os jovens da Geração X e Geração Y gostariam de receber serviços pela internet, mas eles não tinham noções preconcebidas quanto aos serviços a serem considerados. Pelo fato de nunca haverem servido este grupo demográfico, dispunham de pouca pesquisa a respeito. E assim, eles começaram a exploração com uma pesquisa secundária. E o que eles aprenderam foi algo preocupante:

> *"Tiramos uma foto do que parece ser a situação negativa e pessimista, pelos olhos dos mais jovens: Eles estão se formando na faculdade com uma média superior a 4 mil dólares de débito no cartão de crédito e mais de 20 mil dólares de débito por conta de empréstimo estudantil, e estão chegando num mercado de trabalho em que o crescimento dos salários está estagnado. Muitos deles estão desempregados ou subempregados. Outros tantos não têm seguro-saúde. Planos de benefício estabelecidos estão sendo substituídos por planos de contribuição estabelecidos, e apenas metade dos trabalhadores de hoje está apta a participar deles. Mesmo se estiverem, muitos não se beneficiam da anuência do empregador e muitos não dispõem da sagacidade financeira até mesmo para saber como investir por conta própria. E aí olham em volta e veem as questões em torno do Seguro Social... Uma perfeita tormenta."*

A equipe de Diane apurou, em investigação posterior, que esta insegurança econômica entre os jovens estava exercendo um impacto profundo sobre os membros efetivos da AARP:

> *"O que descobrimos foi espantoso. Setenta por cento dos associados que temos hoje ainda estão amparando financeiramente seus filhos adultos de alguma forma. E sabemos que eles não pouparam o suficiente para a aposentadoria. Portanto, eles estão lutando com seus próprios planos de aposentadoria, lutando para cuidar dos pais idosos e se veem ainda dando suporte aos filhos adultos."*

Diane queria saber o que a AARP poderia fazer para colocar os mais jovens num caminho em direção à segurança econômica. "Estávamos abertos a qualquer coisa", ela disse. "Será que eles querem formar um grupo de associados? Será que querem ajuda para fazer um plano de seguro-saúde? Qualquer coisa."

De forma a prosseguir em meio a tamanha incerteza, Diane decidiu que ela e sua equipe precisavam de uma compreensão bem mais profunda sobre os integrantes da Geração X e da Geração Y, "suas expectativas, sonhos, aspirações, desafios, dificuldades e preocupações."

Começaram por selecionar 30 pessoas entre 18 e 49 anos, pedindo-lhes que mantivessem um diário por escrito e tirassem fotos. A equipe também tirou fotos e fez vídeos dos ambientes domésticos e conduziu entrevistas detalhadas sobre sonhos, desafios e medos dos entrevistados. Dessa exploração, surgiram três segmentos distintos entre os menores de 50: a faixa 18-24 anos, apelidados pela equipe de "encontre seu barato"; aqueles entre 25-34 anos, chamados de "realidade dolorida"; e aqueles entre 35-49 anos, denominados "modo de manutenção".

Acreditando que seria difícil criar uma única proposta de valor atraente para os três segmentos, a equipe decidiu acolher o grupo "realidade dolorida" como alvo inicial. Diane explicou por quê:

"Este grupo me interessou de verdade. Está saindo da total dependência dos pais e do contexto artificial da faculdade e entrando na vida real. E como reage a isso? A década que vai dos 25 aos 34 mostrava-se como a dos eventos mais significativos da vida. E cada acontecimento da vida tendia a ser um catalisador para uma decisão de ordem financeira: começo de carreira, casamento, compra da casa própria, nascimento de um filho, mudança de emprego, divórcio. Um enorme amontoado de eventos."

Dentro desta faixa etária, havia ainda segmentos distintos, como os "bem-sucedidos", que já estavam fazendo o certo financeiramente, prontos para serviços como planejamento de aposentadoria, e os "transtornados", concentrados demais em sair das dívidas para começar a pensar no futuro.

Diane e sua equipe começaram a examinar os dados recolhidos sobre as necessidades das pessoas com menos de 50 anos e a considerar como a AARP poderia atendê-las. A equipe queria capitalizar sobre o know-how e atrativos da organização, inclusive a ampla rede social de conselheiros financeiros, que estariam desejosos de doar serviços dada a reputação da AARP e sua qualificação como empresa de fins não lucrativos.

A AARP tinha ainda outros objetivos estratégicos. Primeiro, a organização queria ser vista como um conselheiro imparcial e confiável para esse grupo demográfico o que significava, a equipe de Diane aprendeu, evitar a aparência de "vender" alguma coisa. Além disso, a organização não queria replicar ou competir com serviços já existentes no mercado. Finalmente, a AARP queria se concentrar naqueles que mais precisavam de ajuda, em vez de servir aqueles que já tinham um bom perfil financeiro.

Acreditamos que esta fase inicial do Projeto Prepare-se da AARP transmite bem a forma que um estágio **O que é** bem construído assume. A equipe começou por uma **síntese do design** (recurso da gestão de projetos 1) que esclareceu o alcance do projeto, sua intenção, as questões que pretendia explorar e o mercado-alvo com o qual desejava explorá-las. Discorremos mais sobre os componentes de uma boa síntese de design no Apêndice, mas por ora verifique a página 46 para ver o como uma síntese inicial do design seria.

Os integrantes da equipe também se mantiveram focados nos objetivos do negócio da AARP e nas oportunidades estratégicas e vulnerabilidades que o projeto deveria contemplar. Na verdade, poderia ser argumentado que a falta de conhecimento a priori sobre o pessoal menor de 50 era uma vantagem isto os estimulou a cair dentro do estudo com perguntas em vez de respostas.

Eles, então, reuniram uma grande quantidade de informações oriundas de várias fontes, incluindo as pessoas que queriam atender. Fizeram uma abordagem etnográfica junto aos clientes-alvo, examinando profundamente a vida deles. E eles estavam dispostos a conviver com a incerteza e o desafio de dar um sentido a tudo o que tinham aprendido, traduzindo-o em insights que lhes permitissem identificar critérios para o estágio seguinte: concepção de ideias. A paciência deles frente ao desconhecido faz-nos recordar uma de nossas citações favoritas, palavras de Tim Brown, CEO da IDEO:

"A maior barreira é precisar saber a resposta antes de começar. É comum isto se manifestar como o desejo de ter uma prova de que sua ideia vale a pena antes de você, de fato, dar início ao projeto... A premissa de que é preciso ter um caso de negócio... antes de começar a explorar algo, mata um bocado de inovação."[1]

É claro que o estudo aprofundado dos 30 integrantes da Geração X feito pela AARP é apenas o começo da pesquisa sobre o cliente da equipe do Projeto Prepare-se. Esta pesquisa, profunda e qualitativa, sobre a vida de um número reduzido de clientes em potencial, estabelece as bases para a pesquisa maior e mais abrangente que virá mais tarde.

Uma vez que a meta do design é imaginar e implementar uma condição ou estado melhorado no futuro, é sempre tentador dar um salto direto para ele ou seja, para o futuro. Sem dúvida, muitos acreditam que o *design thinking* começa pelo brainstorming e alguns até que termina aí! Entretanto, conforme a história de Diane Ty ilustra, o processo de design começa simplesmente pelo aqui e agora. As ideias inovadoras são concebidas tendo como base a realidade vigente. Sem esses insights, a imaginação sucumbe. Que tipo de ideias um grupo de funcionários da AARP, desconhecendo o tipo de pesquisa que Diane Ty e sua equipe conduziram, teria conseguido caso tivessem começado pelo brainstorming? Não temos como saber com certeza, mas suspeitamos do tipo de ideias que tem atribuído má reputação ao brainstorming nos círculos gerenciais.

Há muita coisa a ser considerada na fase **O que é**. É onde o enquadramento acontece e, na verdade, onde a maior parte dos projetos de design vence ou sucumbe. Pense no enquadramento como as fundações de uma casa. Toda a elegância que se erguer pelos andares superiores depende delas. Quando você para de perguntar "O que é?", constata que pode olhar para o problema através de lentes inteiramente novas. O que você achava que os clientes queriam de verdade passa a ser menos atraente. Daí, é preciso reenquadrar seu projeto.

Ao dedicar tempo à realização de um insight profundo em relação ao problema ou oportunidade e seu contexto, o design thinking estabelece o ponto referencial para a mudança, as limitações que lhe dão forma e os critérios para saber como é o sucesso.

Ferramentas desta seção

O que é começa pela criação da síntese do design e termina com a identificação de critérios de design. Entre esses dois recursos da gestão de projetos aparecem quatro ferramentas de *design thinking*: **visualização, mapeamento da jornada, análise da cadeia de valores** e **mapeamento mental**.

SÍNTESE DO DESIGN
É possível imaginar que a síntese do design do projeto prepare-se da AARP seria algo parecido com isto:*

Descrição do Projeto	A AARP deve ter condições de melhorar a relevância de seu mercado principal (americanos com +50), ajudando filhos adultos (Ger.Y e Ger.X) a conseguir independência financeira e a se "PREPARAR" para o futuro.
Intenção/Alcance	A finalidade inicial se concentrará numa compreensão melhor das necessidades da Ger. Y e Ger. X. A AARP, então, explorará tanto as abordagens lucrativas quanto as não lucrativas para atender às necessidades delas sendo o impacto social positivo a meta primordial do projeto. A AARP só adotará uma abordagem lucrativa se puder usar seus recursos para criar um novo espaço de mercado que venha a atender o bem público. Oportunidades para a AARP poderão incluir: desafios de seguros-saúde, peso dos débitos junto às faculdades, planejamento de aposentadoria, crédito imobiliário e/ou melhoria de hábitos no uso de cartão de crédito.
Perguntas Exploratórias	O projeto contemplará perguntas estratégicas básicas como: 1. Qual o grupo demográfico/psicográfico mais carente? Como são essas necessidades? 2. A AARP tem como oferecer serviços às Ger.Y e X de uma forma que reforce sua missão de melhorar a vida dos americanos com mais de 50 anos? 3. A AARP deve oferecer serviços para o público ou apenas para os filhos adultos de seus membros efetivos?
Usuários-alvo	No lançamento do projeto, o público-alvo abrange toda a Ger.Y e Ger. X. Pretendemos nos posicionar em relação a um alvo mais focado com base em pesquisa etnográfica e em discussão estratégica.
Plano de Pesquisa	Vamos fazer uma filtragem entre o pessoal da Ger.Y e Ger.X participando da pesquisa, para selecionar os 30 sujeitos mais representativos para serem submetidos a entrevistas e acompanhamento em domicílio.
Resultados Esperados	Esperamos descobrir várias oportunidades de elevado potencial para o PREPARE-SE da AARP para: 1. Assegurar que a Ger.Y e a Ger.X tenham recursos para envelhecer e se aposentar com dignidade 2. Incrementar a relevância da AARP para americanos entre 50 e 65 anos, atendendo a seus filhos 3. Incrementar a relevância da AARP para americanos mais jovens de modo a garantir níveis de filiação no futuro.
Medida do Sucesso	1. Descobrimos uma razão convincente para PERSEGUIR ou NÃO PERSEGUIR esse mercado-alvo neste momento? 2. Descobrimos necessidades de elevado potencial ou segmentos demográficos/psicográficos que representem uma oportunidade irrefutável para a AARP? 3. Identificamos os critérios de design que um serviço deve atender para fazer frente a essas oportunidades?
Planejamento do Projeto	Uma equipe de 3 pessoas em tempo integral conduzirá a fase de "exploração" durante um cronograma de 10 semanas.

*Todas as afirmativas, números e referências temporais deste documento são suposições dos autores e não refletem a síntese do design real usada pela AARP.

O QUE É? 47

Ao ler sobre cada ferramenta, pense sobre a relação dinâmica que guardam entre si. Quando reunidas de forma eficaz, elas indicarão o caminho para as oportunidades que estiveram sempre ali, porém escondidas. Elas alimentam a imaginação para o próximo estágio: **E *se*?**

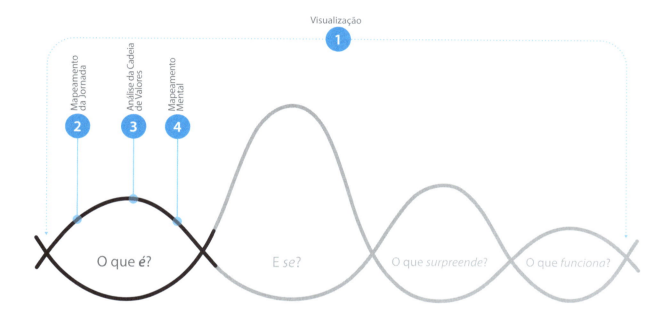

CHRISTINA TAYLOR DA SWISSCOM, SOBRE A IMPORTÂNCIA DO REENQUADRAMENTO

Christina Taylor, no comando da área de experiência de marca na Swisscom, líder como provedor de serviços de telecomunicação, falou sobre a importância de considerar o enquadramento de um projeto:

"Um grupo de engenheiros nossos defendeu a necessidade de um roteador em cada lar suíço, garantindo-lhe o acesso à internet *wireless*. Seria um roteador dotado de tecnologia de última geração e inteligência para localizar e escolher a rede com melhor acesso e cobertura. Era um projeto puramente centrado em tecnologia. Em meu departamento, é nossa atribuição ver o que as pessoas realmente necessitam. Assim, fomos visitar os clientes em seus domicílios. Mais importante ainda, levamos conosco os gestores, aqueles que eram os agentes decisórios.

Verificamos que o maior problema do cliente em relação ao roteador é que ele era feio e indesejado. O cliente não queria saber de fios, principalmente saindo do aparelho. Tinha de ter boa aparência e resolver o problema dos fios. Se a tomada do telefone é na sala de estar e tem aquela coisa cinza feia dependurada, de onde saem três fios pretos, isto não é suíço. Nossas casas são limpas e arrumadas e, aí, ter aquela coisa feia numa sala de estar bem decorada? Então reenquadramos o projeto em si: não é o roteador que as pessoas desejam, argumentamos, e sim o acesso ao mundo digital. Não estamos vendendo uma caixa; estamos oferecendo acesso ao mundo digital.

Construímos, então, um protótipo bem diferente, que incluiu uma nova caixa, que solucionava o problema dos fios, e projetamos a experiência ao longo da jornada do cliente: como a caixa era encomendada, como era instalada e tudo mais.

Considero que o resultado final teria sido bem diferente sem o reenquadramento. Teria sido apenas mais um roteador, uma caixa de wireless pendurada na parede."

CAPÍTULO 3:
VISUALIZAÇÃO

A **visualização** é a transformação de informações em imagens que você pode ver, seja literalmente com os olhos ou figurativamente com os olhos da mente. Às vezes, trata-se da representação de um texto, de dados numéricos ou de outro tipo com imagens (que, conforme você já ouviu falar, valem mais do que mil palavras). Outras vezes, é a montagem de ideias fragmentadas em uma história convincente capaz de gerar imagens mentais eloquentes. A visualização torna as ideias tangíveis e concretas, muitas vezes descartando a ambiguidade com um traço de lápis. Ela coloca em funcionamento uma parte diferente do cérebro; é uma forma diferente de saber. As abordagens visuais não precisam ser complicadas ou sofisticadas. Desenhar simplesmente sobre um quadro branco pode ser um exercício poderoso.

Quando usá-la: a visualização é a "mãe de todas as ferramentas de design". Você recorrerá a ela em cada estágio do processo de *design thinking*. Durante **O que é**, vai usá-la para documentar e dar sentido às observações que faz dos clientes e respectivas jornadas. No E se, ela vai ajudá-lo a captar novos conceitos. No **O que *surpreende***, você vai usá-la para tornar seus conceitos tangíveis. E em **O que *funciona***, ela permitirá que os clientes o ajudem a testá-los e refiná-los.

Por que a visualização diminui os riscos do seu projeto de crescimento: Tornar seu trabalho visível reduz substancialmente os riscos do projeto e é especialmente importante para a eficácia da colaboração interdisciplinar porque um texto é muito mais suscetível à variação de interpretação do que imagens, fotos e histórias (que usam palavras para pintar uma imagem narrativa). Ao explicar uma ideia usando um texto, cada um de nós formará as próprias imagens mentais, em geral informados pelo treinamento que temos. E, claro, isso é o que nos mata: Cada um sai dali com uma ideia própria, com base no que as palavras significaram para nós, individualmente. Mais tarde, você talvez diga: "Não é disso que eu estava falando!" Se, por outro lado, você nos apresenta uma ideia fazendo um desenho dela ou contando uma história, a possibilidade de modelos mentais discrepantes é reduzida. Isto não garante que concordemos com sua ideia,

DESIGNER ANGELA MEYER SOBRE VISUALIZAÇÃO

"A visualização é realmente importante em todo o processo de design. Podemos, por exemplo, confiar piamente em fotografias ao fazer nossas atividades exploratórias. Assim, estamos pesquisando, tentando compreender nossos usuários, olhando para os clientes, olhando para novos segmentos de usuários. A fotografia é uma forma muito rica de compreender esse mundo, e não apenas as pessoas em si, mas o contexto em que vivem.

Ao prosseguirmos à procura de padrões, começamos a pensar visualmente, tomando o que aprendemos na fase de exploração e começando a sintetizá-lo. E a síntese em si é um processo de visualização.

Quando chegamos ao desenvolvimento de conceito, a visualização se torna incrivelmente essencial, porque os conceitos estão literalmente brotando de sua imaginação, e o cérebro está criando imagens de algo que ainda não existe. Está criando imagens de algo que existirá em breve, e a forma que usamos então a visualização costuma ser o esboço. Talvez usemos um quadro branco e trabalhemos em grupo e utilizemos esboços e diagramas para captar os pensamentos. Podemos usar fotos nessa ocasião para garantir nossa compreensão sobre a experiência do cliente.

Ao seguirmos adiante para a prototipagem, ficamos muito mais detalhistas quanto à forma como começamos a visualizar. Criamos diagramas muito complexos, nossos mapas de como achamos que a experiência do cliente funcionará, em termos ideais. Quadros e imagens nos dão condições não só de ajudar as pessoas a compreenderem aquilo que estamos tentando fazer, mas de ajudar a convencê-las do valor daquela ideia em particular ou da força daquele conceito.

O conselho que eu daria ao pessoal da área de negócios interessado em melhorar suas habilidades de visualização seria apenas praticar. No princípio, pode ser um pouco amedrontador. Entretanto, acho que as pessoas vão descobrir que, uma vez iniciadas nesse hábito, você rapidamente percebe como o resto da sala reage quando você se levanta e começa a desenhar."

mas agora pelo menos saberemos no que estamos em desacordo. A visualização reduz também o risco do projeto ao desenvolver o comprometimento com soluções a serem criadas juntos.

Quanto mais nítida for a visualização do futuro desejado, mais estaremos dispostos a enfrentar as agruras que nossos esforços de execução inevitavelmente terão pela frente.

Todos já ouvimos falar sobre as diferenças entre "cérebro esquerdo" e "cérebro direito". Aprendemos que o lado esquerdo do cérebro é analítico e lógico. Gosta de números e da linguagem. O lado direito contribui para aquilo que nos faz humanos, tal como a emoção e a intuição. Também é especialista em sintetizar ideias e perceber conexões entre elas. A neurociência de hoje nos diz que não é tão simples assim, mas lado direito/lado esquerdo do cérebro ainda é uma metáfora útil para compreender as diferentes formas de tomar decisões. Segundo essa metáfora, a visualização a descrição nítida de ideias é uma ferramenta do lado direito do cérebro. E, embora nenhum dos dois seja superior ao outro, costumamos excluir o lado direito de nossas deliberações na esfera dos negócios.

Sabemos intuitivamente que ver algo ajuda a torná-lo verdadeiro. Estudos recentes da neurociência nos levaram um passo adiante na compreensão da razão pela qual visualizar ideias e atividades é tão importante eles demonstraram a existência de neurônios espelho. Sabe-se que apenas seres humanos e orangotangos têm esses neurônios (daí, macacos veem, macacos imitam), que repetem os passos físicos de uma expressão ou atividade observada sem mandar um comando para os músculos executarem tais passos. Em um experimento, por exemplo, os

A NEUROCIÊNCIA MODERNA

Na década de 1830, acreditava-se que o homem descendia dos anjos. Por volta da década de 1860, a maioria das pessoas instruídas acreditava que o homem era um macaco sem pelo (obrigado, Darwin!). Durante os últimos 30 anos, o campo da economia sofreu uma mudança radical semelhante na medida em que nossa compreensão sobre a forma como as pessoas fazem suas escolhas mudou de utilidade econômica para o que se conhece por "economia comportamental". A neurociência moderna botou lenha na fogueira. Em meados da década de 1990, uma nova ferramenta de diagnóstico a MRI (Magnetic Resonance Imaging) funcional (fMRI) tornou-se amplamente disponível e tem conduzido um novo entendimento sobre o funcionamento do cérebro durante a tomada de decisão. Eis alguns dos achados mais contundentes da neurociência da atualidade:

Esquerdo e direito está errado. A MRI funcional mostra que o lado esquerdo do cérebro não é responsável pela parte analítica e o lado direito não é responsável pela criatividade. Na verdade, o cérebro parece mais com um sítio arqueológico. A camada mais externa, o neocórtex, é a mais recente. É o local da lógica, da matemática e do processamento da fala. A camada seguinte, o cérebro límbico, é a sede da emoção. Todos os mamíferos o possuem, daí porque nos ligamos a cães e os cães se ligam a nós. A parte mais antiga do cérebro humano é o tronco cerebral ou "cérebro reptiliano". Ela atua como mediadora de funções de sobrevivência como o batimento cardíaco e a respiração.

O cérebro é uma argumentação. Tomamos decisões diferentes de formas diferentes. Além disso, as diversas partes do cérebro reagem a estímulos em diferentes períodos ou intervalos de tempo. Pense em duas equipes de advogados fazendo descobertas no preparo para um julgamento e você compreenderá. Os escaneamentos de MRI funcional sustentam a noção defendida por Jonah Lehrer, de que o cérebro é uma argumentação[2]. A forma como estabelecemos essa argumentação depende do contexto social, de experiências anteriores, etc.

O coeficiente entre o que dizemos e o que fazemos é baixo. Nossas reações às perguntas costumam não condizer com nosso comportamento. Por exemplo, se eu lhe perguntasse se aceitaria uma conta de e-mail gratuita, permitindo, em troca, que um algoritmo leia suas mensagens pessoais e lhe ofereça anúncios personalizados, você provavelmente diria não. E, ainda assim, é exatamente o que o Gmail do Google faz.

Reagimos rapidamente ao feedback. Quando uma equipe de pesquisadores enviou relatórios a moradores comparando seu consumo de energia ao de outras casas da vizinhança, os maiores consumidores imediatamente reduziram o consumo, embora nenhuma mudança de comportamento fosse solicitada. Os moradores de baixo consumo, na média, mantiveram a frugalidade. O feedback, por si, fez baixar o consumo[3].

Pensamentos acionam sentimentos e ações. Ellen Langer, psicóloga de Harvard, conduziu um estudo no qual solicitou às pessoas para comparecer a um centro de testes para fazer um teste de compreensão de texto. O grupo A leu sobre pessoas feridas ou deficientes físicos. O grupo B leu sobre atletas de alto desempenho. O primeiro grupo caminhou de volta para o carro mais devagar do que na chegada. O segundo grupo caminhou mais rápido. A mera contemplação da deficiência levou o Grupo A a manifestar um comportamento deficiente![4]

Tudo o que foi exposto acima aponta para a conclusão de que nós, seres humanos, somos oportunistas adaptáveis. Por que isso é uma boa notícia para os pensadores de design? Primeiro, pensadores de design não procuram por respostas via análise. Portanto, não somos suscetíveis às nossas fraquezas inerentes como calculadores racionais. Segundo, eles acreditam na observação direta do comportamento (etnografia), o que leva a insights mais válidos. Terceiro, o *design thinking* confia piamente na visualização, e a neurociência moderna nos diz que a visualização é o precursor natural da ação. Finalmente, o *design thinking* acredita no processo de tentativa e erro, que é talvez a mais fundamental de todas as ferramentas do oportunismo adaptativo.

cientistas descobriram que os sujeitos de uma pesquisa usavam a mesma parte do cérebro quando assistiam a um clipe de um indivíduo indignado com um cheiro ruim e quando eles mesmos eram expostos a esse cheiro[5]. A observação, conclui-se, vai além de ativar nossas percepções visuais; ações observadas são mapeadas em nossos sistemas motores. Assim, se você está assistindo a alguém batendo numa bola de beisebol, na realidade, está praticando a jogada mentalmente. Está trabalhando todas as conexões neurológicas de que necessita para, de fato levantar-se e agitar o bastão. Então, o ver pode ser um condicionador poderoso do fazer (assim como um condicionador poderoso da empatia).

Dando a partida

Uma das grandes coisas sobre a maioria das ferramentas de *design thinking* (incluindo a visualização) é que elas exigem um investimento bem pequeno: um quadro branco com marcadores, álbuns seriados e folhinhas de Post-its, neste caso. Recursos mais avançados como o PowerPoint, câmeras digitais e filmadoras podem ser úteis também. Os designers recorrem a aplicativos sofisticados como o Illustrator e o Photoshop, mas não é necessário dominá-los para obter os benefícios extraordinários do pensamento visual. Entretanto, um designer experiente familiarizado com eles será um acréscimo, sem dúvida, valiosíssimo para a equipe. Eis aqui alguns pontos básicos para você começar, tomando como exemplo Christi Zuber da Kaiser Permanente:

1. **Seja simples.** Faça as representações visuais mais simples possíveis. Bonecos costumam resolver. Use cores de modo significativo. Mantenha ilustrações de *clip art* simples e evite um amontoado de fontes gráficas múltiplas e outros efeitos estilosos. Lembre-se não se trata de exibir talento artístico; trata-se de começar a transformar ideias em realidade. A criação de efeitos visuais muito sofisticados pode surtir efeito contrário quando a meta é solicitar feedback.

   A equipe de Christi Zuber usou um exercício simples de visualização em um projeto da Kaiser orientado para a redução de erros na medicação:

   "When we'd ask nurses how medication administration was, they'd say it was fine. Knowing it wasn't, we asked them to sit down and draw medication administration. As clinicians, we are trained to use our left brain to an extreme degree. So we gave them markers and paper and asked them to sit down and draw pictures. It was amazing—totally different than hearing them say, 'It's just fine.' In their drawings, they were in this big hurry. They would write out words like interruptions: it would be a nurse on roller skates with his or her arms full and all these other little stick figures asking them questions. So we took all that and started looking at the themes coming out of this."

Os designers usam desenhos para ajudá-los a "pensar em voz alta". Logo que vislumbram uma ideia no papel, podem fazer acréscimos, desenvolvê-lo, mantê-lo em um caderno e partilhá-lo com outras pessoas. Designers fazem uma obra de arte deste tipo de esboço rápido, mas é preciso um pouco mais do que bonecos, setas, corações, estrelas e caixas.

2. **Fracione o problema em componentes.** Em seu best-seller sobre pensamento visual para gestores, Dan Roam defende a visualização dos seguintes componentes: quem, o que, quanto, onde, quando, como e por quê.6 Peça aos integrantes de sua equipe para trabalharem individualmente de modo a criar imagens representativas de cada componente e, depois, compartilhe-as para criar uma versão do grupo.

> As enfermeiras da Kaiser se desenharam no meio da administração da medicação, captando o quem, o que, o onde e o como da atividade.

3. **Pense por meio de metáforas e analogias.** O pensamento metafórico é o processo de reconhecer uma conexão entre duas coisas aparentemente não relacionadas. A metáfora é um truque de linguagem perfeitamente concebido para compartilhar um processo de pensamento aberto com os outros e para identificar e comunicar um conjunto mais profundo de relações e possibilidades.

> Os desenhos metafóricos das enfermeiras com bonecos de patins transmitiam que, apesar de suas declarações, não estava tudo bem. Elas sentiam que estavam se movimentando perigosamente, rápido demais e que poderiam perder o controle.

4. **Use fotografias.** Fotos podem ser extremamente úteis para captar informações, imprimir-lhes realismo e comunicá-las aos outros. Pense em uma chamada em um slide de PowerPoint de uma organização de serviços financeiros que diz "Nossos clientes têm, em média, mais de cinco contas diferentes." Agora, pense em uma foto da carteira de um homem cheia de cartões de crédito e outra de sua mesa de trabalho coberta de extratos bancários. Qual a diferença em termos de impacto entre a linha de texto e as fotos? Você consegue amarrar palavras e imagens para conseguir o maior impacto comunicativo possível?

> Christi descreveu a forma como combinam, ela e sua equipe, variadas ferramentas de visualização, incluindo histórias e fotografias, para assegurar que as pessoas estejam partilhando as mesmas observações entre si:

> ""*Depois de fazermos as observações, não deixamos passar muito tempo antes de realmente pegar essas observações e colocá-las em histórias. Cada história é um slide do PowerPoint. Nada de*

história longa e complicada, mas uma história basicamente simples que terá uma imagem representativa, talvez do espaço para o qual estamos olhando ou da pessoa com quem estamos falando e, em seguida, talvez um parágrafo bem curto de duas ou três frases sobre a história em si. Isto faz com que você se sente e capte coisas fora de suas próprias anotações pessoais. A transparência é realmente importante. Se você deixar as coisas flutuarem na cabeça por muito tempo, começará a se apaixonar por elas e a criar sua própria realidade."

5. **Experimente com *storyboards*.** *Storyboards* nada mais são do que uma série de painéis que esquematizam uma sequência de eventos. São ferramentas fundamentais para o pensamento visual. Contar histórias em painéis envolve apenas seis elementos simples:

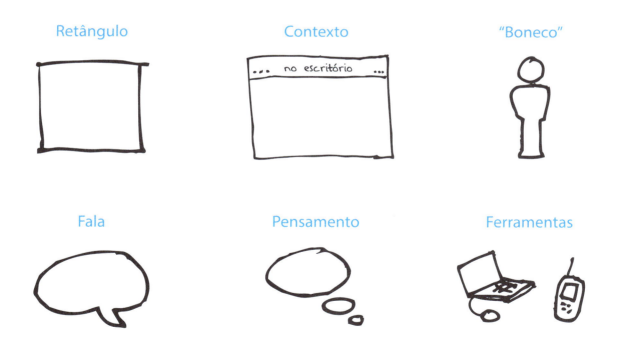

O retângulo fornece o enquadre, e o fundo dele, o contexto. Os bonecos representam os personagens, e os balões de fala e pensamento captam as respectivas palavras e pensamentos. Finalmente, você pode querer incluir ferramentas que eles usam. Retornaremos aos *storyboards* na parte da tarefa "Experimente Fazê-lo em Casa" deste capítulo.

6. **Crie personas.** Personas são personagens fictícios, criados com base em sua pesquisa exploratória, capazes de exemplificar certos atributos. Pelo fato de tornarem muito pessoal e humano o conceito potencialmente abstrato de "cliente", as personas fortalecem nossa capacidade de construir a compreensão empática dos clientes, que é o coração do *design thinking*. No Capítulo 4, falaremos mais sobre desenvolver e usar personas. Por ora, apenas pense em criar alguns personagens e em dar-lhes vida com fotos e descrições.

Conheça Eric G

- Eric é um homem de 73 anos, portador de glaucoma.
- Eric não segue a prescrição médica para o glaucoma, o que significa que sua visão vai lentamente se deteriorar até a cegueira total.
- Eric não se sente amedrontado quando o oftalmologista o adverte dizendo que qualquer perda de visão que tenha é irrecuperável, porque Eric sabe que o declínio é gradual.
- Ele acha que se a visão começar a piorar realmente ele terá uma nova prescrição e tratará dela só quando for absolutamente necessário.
- Eric não gosta de tocar nos olhos por qualquer que seja a razão. Este o motivo pelo qual jamais usou lentes de contato, apesar do pedido de sua mulher. Ele também detesta usar o colírio prescrito.
- Eric afirma ter decidido que poupar dinheiro é mais importante do que seguir uma prescrição para uma doença que não é urgente. Ele admite estar preocupado, sem saber se ele e a mulher têm dinheiro suficiente para sustentar a velhice deles.

ANDRE MARTIN DA MARS INC. SOBRE CONTAÇÃO DE HISTÓRIAS

"A contação de histórias sempre fez parte dos negócios. Só que agora estamos falando abertamente sobre ela como ferramenta disponível para os líderes.

Contação de história é a diferença entre solucionar um problema e criar uma causa. As listas resolvem um problema: Eis uma questão que temos de enfrentar, vamos criar uma lista de prós e contras sobre como resolvê-la e, em seguida, escolher a melhor opção. Uma causa é algo que desperta as pessoas e as congrega. Eis o que uma boa história faz: Ela cria uma causa.

Acho que os líderes empresariais andam entediados com 90% das conversas que têm ao longo do dia. Ficam ali sentados, assistindo PowerPoint atrás de PowerPoint e reunião após reunião, fazendo listas e listas de tarefas. E eles estão desejando ser inspirados. Esses líderes querem um pouquinho de informação, um fato contundente e algumas recomendações. O espaço entre isso e como você consegue tais coisas é onde a contação de histórias é convincente.

São várias as histórias que um líder pode contar em uma organização. Quando falamos em *design thinking*, a história é sobre conduzir transformações. Nesta história, o personagem principal é o grande e difícil problema que a organização tem à frente. E, assim, você primeiro tem de vender o desafio. Tem de ajudar a plateia a compreender como o atual estado de coisas é mais perigoso do que qualquer outra possibilidade lá fora. Você deve tentar enquadrá-los mentalmente na situação e fazer do desafio uma causa em que eles possam investir. Em seguida, você precisa ter condições de falar com bastante habilidade sobre o grupo, os envolvidos no desafio, sejam eles clientes ou outras partes interessadas. Depois, tem de oferecer-lhes uma chance para falar sobre as tensões existentes. Quando você consegue apresentar essas tensões, cria um lugar onde as pessoas querem se envolver por desejarem ter aquele debate e aquela conversa. Finalizando, você tem de apresentar as possibilidades existe uma forma de solucionar aquilo.

A contação de histórias permite-lhe conseguir das pessoas uma atenção concentrada por um pouco mais de tempo, com um pouco mais de prontidão e energia. Acho que é isto que importa. Se conseguir elevar o nível de empenho nos negócios, você fará maravilhas do seu desempenho."

7. **Conte histórias.** A contação de histórias é o que você acha que é: costurar porções de informação numa narrativa (que pode ser um pouco mais longa do que o encontrado num storyboard) em vez de colocar apenas uma série de pontos. Assim como várias técnicas de visualização, a contação de histórias é algo que os gestores já fazem. Toda boa apresentação seja analítica ou baseada em design conta uma história persuasiva.

   A contação de história acelera sua capacidade de vender design thinking, auxiliando-o a tornar suas ideias reais para patrocinadores, clientes, parceiros e financiadores. Ela reduz as chances de um dos desgostos da inovação: o de nunca lhe ser permitido tentar. Assim como as imagens visuais, as histórias permitem-lhe o acesso à emoção e enfatizam as experiências. Elas tornam as ideias concretas, tangíveis e pessoais. Elas enriquecem dando um contexto e permitem que você "venda" um problema, assim como sua solução, para aqueles que devem dar o sinal verde. Elas constroem identificação e empatia com seus personagens e ajudam gestores a desenvolverem um investimento pessoal em seu bem-estar. Na pior das hipóteses, elas mantêm a plateia acordada.

   Você me diz que devíamos estar oferecendo ajuda à África e eu não me entusiasmo. Entretanto, se me diz que adotou um menino de seis anos chamado fulano de tal naquele vilarejo e que agora está dando água limpa a ele, eu consigo imaginar essa criança.

   Existem diferentes tipos de histórias e cada uma é contada de modo diferente. É comum haver uma história sobre experiências com clientes assim como histórias do negócio em si. Não devemos nunca, porém, separar histórias e dados eles precisam uns dos outros assim como jamais devemos excluir o pensamento analítico ou o design thinking da nossa caixa de ferramentas.

8. **Pratique a imaginação guiada.** A imaginação guiada é uma criação de um tipo de história em particular, aquela que conduz o ouvinte a uma jornada interior, ajudando-o a visualizar mais nitidamente o que você está dizendo. É uma técnica utilizada há décadas nos esportes, no treinamento de lideranças, na medicina e noutros campos para inspirar o desempenho máximo. A visualização de novas possibilidades, ou realidades vigentes, com o máximo de vivacidade, contribui para podermos executar mudanças com êxito. Começando com o fim em mente, a visualização de possibilidades com a maior clareza possível, conforme o famoso conselho de Stephen Covey, é um recurso poderoso para o processo da inovação. Esteja você invocando a experiência repaginada de um cliente ou

as dores de um cliente explorando os serviços que você está lhe oferecendo, envolver a imaginação e a emoção de sua plateia faz uma grande diferença para seu sucesso como líder em inovação e crescimento.

Lembra-se de Dave Jarrett, nosso contador do Capítulo 1? Ele é um grande fã da imaginação guiada, reportando-a à sua experiência como facilitador em um seminário baseado nos Sete Hábitos das Pessoas Altamente Eficazes, de Stephen Covey:

"O processo de visualização que usamos com os clientes tem por base parte o treinamento que fizemos com os Sete Hábitos. As pessoas realmente visualizam estes conceitos, bastando que se ausentem de seu ambiente rotineiro. Covey me ajudou a compreender como a visualização é poderosa. Os contadores e o pessoal da área de sistemas vão dizer que não conseguem fazê-lo. Afirmarão que são pensadores concretos; dê-me fatos, dê-me números e lhe darei uma resposta. No entanto, eles são perfeitamente capazes de pensar daquele modo se apenas se desapegarem do fato de estarem acostumados a ver uma tela de computador ou um conjunto de livros e de registros. Isto é parte do que fez de mim um defensor do design: passar pelo processo e compreender a força com que podemos criar essas coisas na mente e quão vívidas e reais elas se tornam para nós."

As técnicas de visualização podem parecer estranhas para quem tem passado anos exercitando o lado esquerdo do cérebro. Mas, pode confiar você já sabe o básico sobre como fazê-lo. Afinal, quadros, gráficos e PowerPoints são visualizações. Cabe a você apenas avançar para um conjunto de imagens mais amplo e original. E lembre-se: as informações básicas a serem passadas podem não mudar, mas a forma como você as comunica, sim.

Tente fazê-lo em casa

Gostaríamos, agora, que você voltasse e usasse os seis elementos básicos de storyboarding que mencionamos para contar a história de sua proposta de casamento ao seu ente querido (ou de como recebeu a proposta ou de como se conheceram). Planeje usar quatro quadros para seu storyboard:

- Quadro 1: Antes, parte 1
- Quadro 2: Antes, parte 2
- Quadro 3: Durante
- Quadro 4: Logo depois

Eis um exemplo (propositalmente simples) que o ajudará a começar.

Não faça uma obra de arte! Limite a 15 minutos o tempo para fazer o desenho e compartilhe-o (com toda a sua imperfeição) com seu ente querido. Ou até mesmo peça-lhe para desenhar a própria versão e compare as duas.

O que percebeu ao criar este *storyboard*? É difícil restringir a história a quatro quadros, não é? Descobrir as partes centrais é sempre algo desafiante, mas a plateia agradece.

O que percebeu em relação à reação do parceiro? Mexeu com ele? Fez com que ele pensasse sobre o acontecimento, talvez até reconsiderá-lo um pouquinho? Se ambos tiverem feito um *storyboard*, ficaram parecidos ou não? O que podem aprender?

Quer praticar mais? Jogue Pictionary com os amigos, com a família e colegas regularmente. Uma competição semanal vai aumentar surpreendentemente a capacidade de pensamento visual de vocês.

CAPÍTULO 4:
MAPEAMENTO DA JORNADA

O **mapeamento da jornada** é a representação, por meio de um fluxograma ou de outro tipo de gráfico, da experiência do cliente ao interagir com sua empresa, recebendo dela um produto ou serviço. São mapas que descrevem a jornada real ou ideal do cliente.Seja qual for o caso, registrar esses estágios força-o a manter o foco nos clientes, em vez de em sua organização. Ao mapear a jornada deles, você se sente na pele dos clientes. Durante o processo, você está em busca de altos e baixos emocionais e o significado da experiência para o cliente. Este é o segredo para identificar inovações que criam valor.

Durante **O que *é***, o mapeamento da jornada o conduz por dentro da experiência que o cliente está vivendo, facilitado por dados coletados mediante observação e entrevista. Ao fazê-lo, o mapeamento busca alterar a forma como você compreende essa experiência. Ele oferece uma descrição convincente das necessidades não atendidas e o ajuda a agrupar as diferenças entre os clientes, identificando oportunidades de melhoria. Nunca se trata de "provar" que suas ideias valem a pena (o mapeamento da jornada não é território de vendas). Em vez disso, esta ferramenta tem por meta a exploração que produzirá ideias para prototipagem no futuro.

Quando usá-la: Crie o mapa da jornada como uma das primeiras atividades durante o **O que *é***, para documentar a experiência vigente do cliente e isolar altos e baixos. No estágio E se de um projeto de crescimento, o mapa da jornada ajuda-o a ter ideias durante o brainstorming. Durante o desenvolvimento de conceito (também parte do **E *se***), são criados mapas de experiências ideais em vez de reais, para identificar elementos originais do conceito e determinar como criá-los. Por fim, durante **O que *surpreende***, o mapa da jornada oferece elementos para a prototipagem da nova experiência.

Por que o mapeamento da jornada diminui o risco do seu projeto de crescimento: Se pudéssemos acrescentar apenas uma ferramenta de design ao repertório de um gestor, seria o mapeamento da jornada. A razão nº 1 para o fracasso das ideias de crescimento é que mal interpretamos o que os clientes querem. A forma mais segura de diminuir o risco de um projeto é pelo desenvolvimento de uma noção mais profunda em relação a ele. O mapeamento da jornada aproxima-o da vida dos clientes, de seus problemas e frustrações, ao procurar compreender como criar valor para eles. Este conhecimento é a informação mais importante na busca de um crescimento lucrativo.

Há cerca de uma década, reuníamos grupos de clientes em salas refrigeradas e com espelho falso, onde eles sucumbiriam ante o pensamento (conformista) de grupo e a memória duvidosa. Hoje, os designers adotam os métodos dos antropólogos, observando os clientes em seu habitat natural e usando técnicas, como mapas da jornada, para captar o que veem e escutam. Grupos de observação criados com usuários do sabão em pó Tide, por exemplo, relataram grande satisfação com a embalagem. Entretanto, quando os pesquisadores entraram na lavanderia deles, encontraram várias máquinas de lavar com chaves de fenda incrustadas de sabão por perto. "Usei isso para abrir a caixa", os sujeitos afirmaram.

O mapa da jornada é uma ferramenta poderosa para mudar seu foco de "O que minha empresa deseja?" para "O que o cliente está tentando fazer?" As equipes de solução de problemas podem estabelecer uma forte conexão empática com o cliente, visto não como um dado estatístico ou um grupo demográfico, mas como um indivíduo com esperanças e desafios que merecem ser considerados. Às vezes, este campo é chamado de pesquisa social ou pesquisa de design, e ele premia a paciência, a consideração e a reflexão. Um experiente pesquisador social nos estimulou a "ouvir com delicadeza" e a resistir à tentação de cantar vitória antes do tempo.

As emoções constituem o foco central aqui, oferecendo dicas poderosas quanto ao que realmente está acontecendo dentro de nossa mente (e coração). O Dr. Jill Taylor, ex-pesquisador do cérebro da Harvard Medical School, observou:

> "S"*As informações sensoriais correm através de nossos sistemas sensoriais e são processadas imediatamente pelo sistema límbico. Quando a mensagem alcança nosso córtex cerebral para pensamentos elaborados, já rotulamos um 'sentimento' sobre como vimos aquele estímulo – é dor ou é prazer? Embora muitos de nós pensem que somos criaturas pensantes que sentem, biologicamente somos criaturas sensíveis que pensam*"[7].

Especialistas em operações aconselham os gestores a "se grampearem com um pedido" para compreenderem o fluxo das atividades dentro de sua empresa.[8] Estamos sugerindo que, em vez disso, você se "grampeie com um cliente". Isso pode mudar sua opinião sobre o pedido dele.

MAPEAMENTO DA JORNADA 63

Dando a partida

Eis como um mapeamento de jornada funciona, ilustrado com um projeto recente de mapeamento de jornada realizado na Darden School of Business:

1. **Selecione os clientes cuja experiência você deseja conhecer mais profundamente.** Dedique algum tempo investigando o contexto em que eles realizam a "tarefa" para a qual sua oferta contribui. Fontes de dados secundários como sites e blogs são, muitas vezes, um bom lugar para começar.

   Uma equipe de alunos e professores fez o mapeamento da jornada de um aluno de MBA em Darden. A meta era melhorar a experiência educacional e elevar a satisfação dos alunos. Ao iniciarem o projeto, eles examinaram uma profusão de informações publicadas sobre essa geração de alunos.

2. **Esquematize sua visão hipotética da configuração da jornada do cliente, do começo ao fim.** Certifique-se de incluir todas as etapas da jornada, e não apenas aquelas em que sua empresa participa.

   A equipe de mapeamento do MBA identificou 12 etapas principais na jornada do MBA, começando pela decisão de investigar como obter a formação acadêmica e terminando com a formatura.

DICAS PARA ENTREVISTA

1. Deixe o entrevistado à vontade. Deixe-o fazer-lhe perguntas.
2. Solicite histórias e exemplos. Capte citações memoráveis.
3. Seja curioso. Procure por surpresas e incoerências e investigue-as.
4. Use o silêncio. Não tenha medo dele.
5. Preste atenção. Gesticulação e aspecto podem dizer mais do que palavras.
6. Parafraseie. Não conduza a testemunha.
7. Seja todo ouvidos para as ineficiências, os esforços exagerados e soluções de atalho.

OBSERVE O SEGUINTE! COMPORTAMENTOS A SEREM DETECTADOS DURANTE A ETNOGRAFIA

Etnografia significa observar os usuários em seu habitat natural. Parece suficientemente claro. Mas o que estamos procurando? Ao observar os usuários interagindo com seus produtos ou serviços, eis alguns comportamentos que você deve procurar:

Confusion: Confusão: Repare na expressão facial dos usuários. Uma aparência confusa sinaliza uma oportunidade para tornar a experiência mais intuitiva.

Excesso de esforço: Perceba os momentos em que as pessoas precisam trabalhar duro (mesmo não o percebendo) ao procurarem solucionar seu problema.

Pontos sensíveis: Procure por momentos extremamente desagradáveis e perturbadores. Você verá pelas expressões faciais dos usuários e sua linguagem corporal.

Apropriação: A apropriação é o uso de um produto para um novo propósito. As embalagens de leite de papelão são muitas vezes aproveitadas por alunos universitários para servir a múltiplas funções.

Etapas saltadas: Se os usuários pularem uma etapa, pode ser sinal de que eles não precisam, não querem ou não compreendem o valor daquela etapa.

Caso não compreenda o que viu, você sempre pode perguntar. Apenas deixe as perguntas para mais tarde, porque a sua observação costuma ser mais valiosa do que as explicações dos usuários; muitas vezes eles não estão conscientes de seus comportamentos.

3. **Identifique um pequeno número de clientes (em geral, entre 12 e 20)** representativos do leque de atributos demográficos que interessam a você.

   Foram identificados 16 alunos de Darden, representantes de um corte transversal em termos de idade, sexo, nacionalidade, situação conjugal e formação educacional.

4. **Conduza algumas entrevistas piloto.** Usando as etapas que imaginou, peça ao cliente para deixá-lo acompanhar sistematicamente toda a jornada dele, de modo a garantir que você esteja captando com exatidão as etapas e obtendo o tipo de informação que precisa. É um trabalho duro mais difícil do que pensamos. Muitas vezes é necessário investigar repetidamente uma única etapa para fazer com que os entrevistados reflitam com mais profundidade sobre o que estão pensando, sentindo e por quê. Não aceite respostas superficiais. Continue insistindo (delicadamente).

5. **Encerre o questionário** com base no que você aprendeu com as entrevistas iniciais e conduza as entrevistas restantes, focando nos altos e baixos emocionais da experiência. O ideal é que dois pesquisadores entrevistem juntos cada sujeito. É o que permite ao entrevistador dedicar total atenção ao entrevistado enquanto o segundo pesquisador faz as anotações.

6. **Identifique nas entrevistas os principais momentos de verdade e outros temas.** Esta é uma fase intensa de compreensão de sentido. Comece pedindo aos entrevistadores para sintetizarem o que apreenderam durante cada entrevista num único quadro. Em seguida, destaque uma folha de papel dividindo-a ao meio e escreva o nome de cada entrevistado em cima. Em equipe, vocês sintetizam os altos e baixos emocionais como itens nas folhas. Afixe essas folhas na parede para poder começar a procurar por temas.

A equipe de mapeamento da Darden preparou sínteses de todas as entrevistas e começou a procurar por padrões e insights.

7. **Estude os temas que você não abordou** de modo a identificar algumas dimensões, em geral mais psicográficas do que demográficas, que, em sua opinião, ajudam a revelar as diferenças em seus dados. Consideramos muito útil uma lista das necessidades humanas universais, compilada pelo Center for Nonviolent Communication [Centro para a Comunicação Não Violenta], para conceber dimensões, e a incluímos no Apêndice.

    A equipe de mapeamento de Darden identificou as seguintes dimensões potencialmente diferenciadoras:

    introvertido ⟷ extrovertido
    livre, leve e solto ⟷ obrigações externas
    acolhe o debate ⟷ evita o debate
    flexível culturalmente ⟷ rígido culturalmente
    solicita ajuda ⟷ "se vira"
    alto grau de confiança ⟷ alto grau de humildade
    foco concentrado ⟷ aberto a exploração
    extensão da faculdade ⟷ extensão da carreira
    ▶ identifica-se com a cultura dominante ⟷ identifica-se com a microcultura
    ▶ pragmático (progresso da carreira) ⟷ purista (aprendiz holístico)

Uma versão mais sofisticada do mapeamento da jornada continua com a criação de um conjunto de personas:

8. **Escolha as duas dimensões que sentir serem as mais reveladoras.** TElas darão origem a uma matriz 2 x 2, na qual cada quadrante representa uma persona arquetípica.

A equipe de Darden criou a matriz usando as duas dimensões escolhidas:

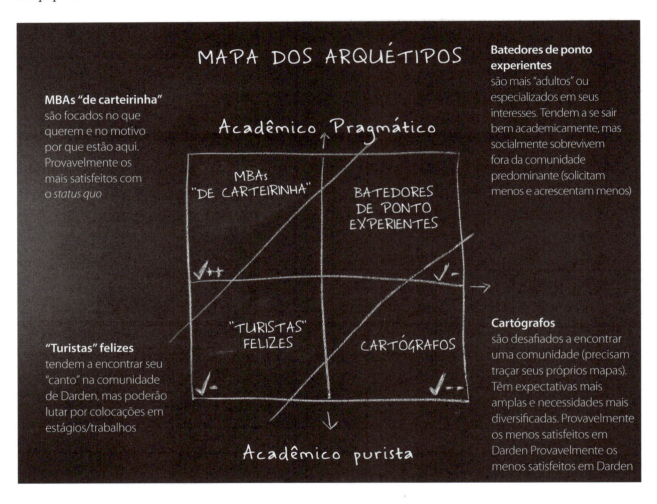

9. **Posicione cada entrevistado em um dos quadrantes.** Descreva o arquétipo da forma mais completa possível, concentrando-se nos aspectos demográficos e psicográficos que tornam este arquétipo singular.

Eis aqui uma das "personas" inventadas pela equipe de MBA, usando o quadrante inferior esquerdo:

Scott, o "Turista" Feliz

- Scott gosta de Darden e reconhece que será fácil conseguir emprego com uma pós-graduação em uma universidade renomada contanto que ele tenha bom desempenho nos cursos.

- Scott se formou em Cornell em engenharia mecânica.

- Depois de dois anos num emprego compensador como engenheiro, o chefe de seu departamento disse-lhe que, para crescer na empresa, ele precisaria de uma pós-graduação.

- Scott candidatou-se a instituições acadêmicas de renome e foi aceito por várias. Escolheu aquela onde o clima e as instalações eram melhores.

- Scott é focado em seu trabalho de curso e aprecia mais as atividades sociais no clube com os colegas do que atividades relacionadas à procura de emprego.

- Scott é extrovertido, o que aqui e acolá o ajuda a se sair bem nos eventos de recrutamento, mas ele não possui uma abordagem estratégica aos eventos; na maioria das vezes vai por diversão.

Muitas vezes os gestores querem saber que porcentagem do mercado determinada persona representa. Não é este o propósito das personas: Elas não se destinam a representar segmentos de mercados-alvo reais. São artifícios destinados, sim, a revelar insights mais profundos dos vários tipos de experiências que os clientes estão vivendo e a ajudar a conceber ideias inovadoras sobre como melhorar tais experiências.

10. **Mapeie a jornada de cada persona.** Cada persona deve revelar seu conjunto próprio de pontos baixos. Estes são os "pontos sensíveis" que representam as oportunidades mais valiosas de inovação para aquele tipo de cliente. Alguns pontos baixos podem ser compartilhados pelas outras personas, tornando-os, assim, um alvo promissor para a inovação.

Eis aqui a jornada de Scott, o turista feliz de Darden:

Olhando para o mapa da jornada de Scott, podemos fazer muitas observações. Por exemplo, seus três pontos sensíveis mais significativos envolveram a decisão pela instituição que iria frequentar (excesso de opções), a procura de emprego (novamente, excesso de opções e tempo insuficiente para considerar todas elas e estudar) e algumas questões de sala de aula (outros alunos não estão tão comprometidos com seus estudos). Todos esses pontos sugerem oportunidades de inovação proveitosas.

O projeto de mapeamento da jornada dos MBAs propiciou ao corpo docente um insight da vida de seus alunos que alterou profundamente muitas de suas crenças quanto à experiência em Darden. Após a apresentação feita pelos alunos integrantes da equipe de mapeamento, um professor já antigo na universidade acrescentou: "Aprendi mais sobre a vida real de nossos alunos nesta última hora do que nos últimos 20 anos!"

O corpo docente começou, especialmente, a considerar que a experiência era holística, ainda que muito diferente para diferentes alunos. Para todos os alunos, o que acontecia em sala de aula, no mercado de trabalho ou num happy hour faziam parte de uma mesma experiência geral. Isto chamou a atenção para a relevância do trabalho não acadêmico de colegas em áreas como Serviços de Carreira do Aluno. Tendo previamente desprezado a procura de emprego como um mal necessário, os professores começaram a vê-la como talvez o fator mais importante da experiência dos alunos em Darden e que a ausência de conexão entre atividades de aula e aquelas relacionadas à procura de emprego constituía fonte primordial de insatisfação. Viram ainda que diferentes alunos precisavam e esperavam coisas radicalmente diferentes daquele processo de busca. Scott, por exemplo, precisava de muito aconselhamento franco e aberto para ajudá-lo a estabelecer algumas prioridades. Os "batedores de ponto experientes", por outro lado, haviam ingressado em Darden focados em uma carreira específica e precisavam de um tipo muito diferente de atenção. O novo entendimento da experiência real dos alunos vista através dos olhos deles fixou as bases para uma inovação significativa e inaugurou um novo patamar de colaboração entre professorado e o pessoal dos Serviços de Carreira.

O mapeamento da jornada difere substancialmente de ferramentas de pesquisa de mercado como grupos de discussão e levantamentos. É comum os gestores treinados nesses métodos se sentirem desconfortáveis com as conclusões dos dados etnográficos já que o número de sujeitos é bem mais reduzido. Entretanto, uma amostra pequena é uma escolha intencional, porque a coleta dos dados é profunda e intensa. O processo usa observação e entrevistas intensas (idealmente realizadas em tempo real, enquanto o cliente está no meio da experiência), nas quais o pesquisador conduz o cliente por cada elemento de uma experiência, usando perguntas em aberto. O processo pode ser complementado com diários de fotos e vídeos.

Assim como a visualização, o mapeamento da jornada não produz resultados generalizáveis ou estatisticamente significativos; ele não "prova" nada. Em vez disso, provoca o pensamento criativo sobre necessidades pouco evidentes, muitas vezes inacessíveis, usando métodos com amostras maiores. A meta do mapeamento da jornada não é produzir um conjunto de recomendações para a ação; é, antes, produzir um conjunto de hipóteses a serem testadas.

Tente fazê-lo em casa

Escolha uma atividade de rotina, como levar seu filho para a escola de manhã. Siga estas etapas para mapear a jornada. Lembre-se, o foco é representar O que é, não fazer um brainstorming quanto a novas possibilidades.

1. Liste de oito a dez etapas do processo, começando com "Filho acorda" e terminando com "Começa o dia na escola".
2. Pegue uma folha de papel de 21,5 x 27,9 centímetros e coloque-a horizontalmente na sua frente. Trace uma linha horizontal por toda a folha na parte superior. Insira as oito, nove ou dez etapas como pontos da jornada representados por círculos numerados. Acima de cada etapa, nomeie a pessoa ou instituição, responsável diretamente pela criança.

O mapa resultante contém a sequência completa das etapas, mas exibe a jornada toda como neutra. Agora, podemos fazer algumas considerações sobre a experiência.

3. Comece desenhando um grande retângulo abaixo do mapa da jornada. Divida o retângulo ao meio, horizontalmente. Do lado esquerdo do papel, intitule a área acima da linha horizontal como pontos altos emocionais, e a área embaixo, como pontos baixos. Assim você terá como captar a variação entre altos e baixos emocionais.

Agora você vai mapear os altos e baixos emocionais da jornada, do ponto de vista do seu filho.

4. Trace o melhor cenário das emoções que seu filho poderia vivenciar ao longo da jornada. Se tudo corresse tranquilamente, quais seriam as melhores partes? Que partes ainda seriam negativas emocionalmente? Faça uma lista de três ou quatro pontos altos emocionais que observou (ou ouviu de seu filho) e registre esses

pontos ao longo da jornada nos "altos emocionais". Nomeie cada ponto alto com uma descrição curta, tal como "consegue sentar perto de um amigo". Ligue os pontos do melhor cenário com uma linha azul suave.

5. Em seguida, trace o pior cenário das emoções que seu filho poderia vivenciar ao longo da jornada. Se tudo desse errado, quais seriam as piores partes da jornada? Que partes ainda assim seriam positivas emocionalmente? Comece fazendo uma lista de três ou quatro pontos baixos emocionais e registre esses pontos ao longo da jornada na caixa dos "baixos emocionais". Nomeie cada ponto baixo com uma descrição curta, tal como "perde o ônibus". (Nota: Uma etapa essencial muitas vezes contém altos e baixos emocionais). Ligue os pontos do pior cenário com uma linha preta suave.

6. Reflita sobre seu trabalho. Agora o mapa da jornada mostra uma multiplicidade de dimensões: sequência, parte responsável e variabilidade emocional. Observe o mapa como um todo e veja o que lhe salta aos olhos. Que etapas têm pontos baixos, mas não têm pontos altos? Seu filho teria necessidades não atendidas? E você? Onde acontecem os seus pontos emocionais baixos?

7. Como etapa final do processo, faça uma lista de duas ou três possíveis necessidades não atendidas, em relação a você e a seu filho. Como referência, considere estas dez necessidades extraídas da lista de necessidades humanas universais do Center for Nonviolent Communication [Centro para a Comunicação Não Violenta]:

Conexão	Bem-estar físico	Paz	Autonomia
Afeto	Descanso/sono	Sossego	Escolha
Consideração		Harmonia	Independência
Inclusão		Inspiração	
Segurança			

A meta não é acertar em cheio; a meta é identificar novas hipóteses que o ajudem a reinventar o processo. Seja isto válido ou não, um conhecido nos contou que a filha sugeriu a ideia de vestir a roupa ao ir para a cama como forma de ter tempo suficiente de manhã para acordar calmamente, tomar um café da manhã decente antes de ir para a escola. Uma solução nada ortodoxa, mas que atendia às necessidades daquela família!

CAPÍTULO 5:
ANÁLISE DA CADEIA DE VALORES

A **análise da cadeia de valores** é o estudo da interação da organização com parcerias a fim de produzir, comercializar, distribuir e apoiar suas ofertas. Dela surgem dicas importantes sobre os recursos e as intenções de parceiros e as vulnerabilidades e oportunidades de sua empresa. É o equivalente ao mapeamento da jornada do cliente para o mundo dos negócios ela destaca os "pontos sensíveis" e as oportunidades na experiência da organização com parcerias anteriores (*upstream*) e posteriores (*downstream*) para a entrega de seu produto ou serviço. A análise da cadeia de valor é útil em variados níveis. É possível focar na cadeia de valor em que está ocorrendo uma oportunidade, assim como é possível explorar a cadeia de valor do setor mais abrangente.

Quando usá-la: A condução de uma análise da cadeia de valores de ponta a ponta é parte importante da fase de exploração em busca de oportunidades de crescimento lucrativo. Você não vai querer começar o estágio E se desconhecendo o que torna um modelo de negócio atraente para sua empresa e que partes do modelo existente merecem ser preservadas. A análise da cadeia de valores também o ajuda a olhar o mercado da perspectiva das empresas parceiras e concorrentes (assim como o mapeamento da jornada ajuda-o a ver através dos olhos do cliente).

Por que a análise da cadeia de valores diminui os riscos do seu projeto de crescimento: Conforme dito no Capítulo 1, criar valor para clientes é apenas parte da equação para o sucesso de um negócio. Para serem sustentáveis e atraentes, os novos negócios precisam criar valor tanto para a organização (em geral sob a forma de lucros) quanto para as empresas parceiras. Significa que novos lançamentos precisam ser difíceis de serem copiados pela concorrência, permitindo-lhe expandi-los. Eles precisam igualmente ser algo que você possa executar com seu conjunto de recursos (ou com a ajuda de parceiros interessados). Em termos ideais, eles alavancam as os recursos singulares de sua empresa. Uma análise da cadeia de valores de hoje oferece insights importantes que lhe permitirão avaliar, durante o estágio **O que *surpreende***, a probabilidade de que suas novas ideias venham a preencher aqueles critérios. É essencial uma compreensão aprofundada de como os atuais fornecedores trabalham juntos para criar valor e de quem tem o poder de exigir uma fatia significativa dos lucros para ajudá-lo a evitar comprometer-se com um novo lançamento capaz de criar valor para os clientes, mas que pode não ser lucrativo para sua empresa.

A análise da cadeia de valores se parece mais com o tipo clássico de análise de negócios a que você está acostumado. Ela o conduz da base centrada no cliente que você estabeleceu durante o mapeamento da jornada para o lado dos negócios o ecossistema do mercado no qual a jornada do cliente acontece. Uma análise como esta costuma revelar a "lógica dominante" de um setor: o conjunto de regras e crenças não expressas coerentemente que guia o comportamento das empresas ao trabalharem para satisfazer as necessidades dos clientes. O desafio a essa lógica dominante (tópico que vamos examinar com mais profundidade no Capítulo 7), mediante a alteração da área de cobertura da empresa de forma a trazer mais valor para os clientes ou maior poder de negociação para a empresa, pode ser uma fonte primordial de oportunidades de crescimento. Combinada com o mapeamento da jornada, ela garantirá uma visão ampla do panorama da inovação e estabelecerá as bases para seu caso de conceito de crescimento para o cliente e o negócio.

A análise da cadeia de valores torna-se uma referência inestimável no próximo estágio, **E *se***, ao rejeitarmos o *status quo* e procurarmos formas novas e inovadoras de atender às necessidades do cliente de maneira mais convincente. Use esta ferramenta para detectar as ineficiências que estão no ponto de serem reconfiguradas normalmente mediante modificações nas delimitações de quem faz o que na cadeia de valores.

Por ser uma ferramenta com a qual você já está familiarizado, vamos falar sobre a análise da cadeia de valores rapidamente neste capítulo. Nós a incluímos aqui para ressaltar a importância dessa perspectiva estratégica de negócios para uma iniciativa de crescimento bem-sucedida.

Dando a partida

A análise da cadeia de valores começa pela especificação dos resultados/produtos que a cadeia cria para o usuário final e, depois, trabalha de trás para frente para incluir os recursos e o poder de negociação de todos os principais envolvidos. Vamos aqui trabalhar abrangendo todas as fases da análise, usando a dinâmica da indústria de PCs como exemplo:

1. **Desenhe a corrente de valor para o seu negócio.** Esta fase requer a definição de cada agrupamento de atividades, trabalhando de trás para frente a partir da extremidade final da proposta de valor entregue aos clientes. Estes agrupamentos, considerados em conjunto, formam a arquitetura básica da cadeia. Cada concorrente terá sua própria área de cobertura na cadeia, sua própria configuração de atividades. Algumas empresas participarão em apenas um agrupamento; outras abarcarão muitos outros.

Tarefa importante e por vezes espinhosa é definir o que constitui um elemento na cadeia. Lembre-se de que estamos mapeando agrupamentos estratégicos de atividades, e não empresas. Numa primeira investida, é sempre melhor fazer um mapa mais detalhado. Mais tarde, você poderá desconsiderar agrupamentos de atividades que não precisam ser examinados separadamente. Se você começar com grande abrangência, poderá perder atividades importantes que se tornam invisíveis num nível tão compactado, mas que poderiam ser desmembradas de modo a criar uma vantagem estratégica.

Uma cadeia de valores típica incluiria os seguintes tipos de agrupamentos:

Lembre-se ainda de que estamos introduzindo uma linearidade artificial no processo, já que são atividades que não acontecem num fluxo único ou na mesma sequência a cada vez. Os designers (e gente de negócios) preferem o termo "ecossistema" apenas por esta razão.

> Para avaliar a importância de compreender a cadeia de valores ao tomar decisões de crescimento, considere os acontecimentos da última década (ou algo em torno disso) na cadeia de valores dos computadores pessoais. Os PCs passaram a ter uso generalizado, nos negócios e nos lares, no início da década de 1990. Naquela época, os maiores fornecedores de componentes para PCs eram os fabricantes de microprocessadores, de softwares e de outros equipamentos periféricos. Estes componentes eram montados por fabricantes de "caixas" e vendidos aos usuários finais por megavarejistas de computadores como a CompUSA. Representantes de vendas de cada um dos grandes fabricantes cuidavam das vendas corporativas. Todos essas "partes atuantes" trabalhavam juntas para oferecer a proposta de valor definitiva aos clientes finais: a funcionalidade dos computadores pessoais. Surgiram, então, dois ecossistemas, ou cadeia de valores, distintos. Um deles, composto pela IBM e os chamados clones da IBM. O outro era a Apple. Os computadores IBM usavam produtos da Microsoft e da Intel. A Apple tomou seu próprio rumo. Embora muitos acreditassem que o sistema da Microsoft fosse inferior ao da Apple, em termos de funcionalidade e acessibilidade, a capacidade de outros fabricantes de realizar engenharia reversa em computadores compatíveis com os computadores da IBM fez cair os preços e elevar a popularidade dos

lançamentos na cadeia chamada de "Wintel" ("Windows" e "Intel"). As estimativas de fatia de mercado eram difíceis de ser avaliadas, mas calcula-se que por volta de 1985, as máquinas compatíveis com a IBM tinham conquistado metade da fatia de mercado. Em 1994, elas bateram os 90%.

2. **Analise o ambiente da concorrência** em cada caixa, identificando as principais partes atuantes e sua respectiva fatia de mercado.

   Por mais de duas décadas, os fornecedores de componentes como a Intel (conjuntos de chips e microprocessadores) e a Microsoft (sistemas operacionais e aplicativos) dominaram a cadeia Wintel, enquanto os fabricantes montadores de "caixas" como a Hewlett-Packard, a IBM e a Compaq adquiriram fatia de mercado e lutaram para diferenciar seus lançamentos entre si e em relação a uma geração de clones que emergiu em meados da década de 1990.

3. **Identifique os recursos estratégicos centrais** necessários para produzir valor em cada caixa. O que cada um contribui para criar valor?

   Ao avaliarmos os recursos estratégicos centrais na cadeia, a fonte dos problemas de lucratividade dos fabricantes de "caixas" torna-se evidente. Os recursos técnicos centrais que respondem pelo sucesso da Microsoft e da Intel são difíceis de serem copiados, devido a sua escala, habilidade e barreiras à entrada. Por outro lado, os fabricantes de "caixas" estão envolvidos em algo que é principalmente uma operação de montagem no lado da de produção. Ao que parece, seus diferenciais teriam de se apoiar em vendas e serviços, mas nenhuma parte atuante neste agrupamento parecia ter uma vantagem competitiva clara.

4. **Avalie o poder de negociação e a influência de cada parte atuante.** Quem conduz o desempenho? Com que facilidade seria possível arranjar um substituto para a contribuição de cada parte atuante? Quanto de valor oferecido por cada parte atuante é percebido pelo usuário final?

   É fácil ver IBM e Hewlett-Packard como concorrentes. No entanto, seus parceiros são igualmente concorrentes em potencial. Eles competem para repartir os lucros gerados pela cadeia, e cada um é vulnerável às mudanças de crescimento dos outros, que podem beneficiar algumas partes atuantes e prejudicar outras. A capacidade deles para obter uma grande fatia dos lucros é função de seu poder de negociação e influência na cadeia. No computador pessoal, a inteligência em si está no processador, porque ele é a parte responsável por executar comandos. Sua velocidade determina a rapidez com que um comando é executado e, por conseguinte, a velocidade de trabalho de um computador. A facilidade de uso do software e do sistema operacional determinam a preferência do usuário. É aí que está o poder da Intel e da Microsoft.

5. **Determine as possibilidades** para aumentar seu poder e lucratividade na cadeia. Analisada a cadeia conforme ela existe hoje, considere o que você aprendeu sobre a relação entre poder e posição existente nela. O que determina como o valor é captado? Quem tem poder? Por quê? Onde você vê oportunidades para aumentar seu poder e lucratividade, modificando sua área de cobertura? São perguntas que estabelecem as bases para conceber os critérios de design usados para avaliar as possibilidades de crescimento.

    Por volta de 1993, a Dell se tornara um dos cinco maiores fabricantes de computadores do mundo, sendo bem-sucedida onde a IBM e a Compaq tinham fracassado, oferecendo uma proposta de valor nova e singular configuração personalizada e vendas diretas e apostando sua força na parte mais fraca da cadeia, a distribuição. O modelo de negócio da Dell, e sua área de cobertura na cadeia de valor ao longo da qual a empresa o executou, era bem diferente do de outros concorrentes fabricantes de "caixas" de menor sucesso. A Dell praticamente não tinha estoque de peças, lidava diretamente com os clientes e recebia pagamento adiantado, resultando num fluxo de caixa muito vantajoso. Isto permitiu que a empresa equiparasse suas cifras de RSI àquelas da Intel e da Microsoft.

6. **Avalie suas vulnerabilidades.** É importante aqui jogar na defesa e no ataque. Onde você está vulnerável a outros que poderiam modificar sua área de cobertura de forma a colocá-lo em desvantagem?

    Não é preciso olhar muito além da devastação causada pela Intel a seus parceiros, com a aparentemente inocente campanha da Intel Inside, para esclarecer de forma definitiva a importância de um entendimento cabal da vulnerabilidade estratégica como um importante input no processo do design para o crescimento. Sob a aparência de co-branding, a campanha publicitária da Intel derrubou eficazmente as barreiras à entrada e dificultou sobremaneira, até mesmo para partes atuantes renomadas no negócio das "caixas" da época IBM, Compaq e HP a diferenciação de seus produtos. Afinal, se o que importava era a Intel dentro [inside], porque pagar mais pela Compaq lá fora? A IBM acabou saindo do negócio e a Compaq foi adquirida pela HP não por força de mudanças competitivas por parte de outros fabricantes de "caixas", mas porque seus próprios fornecedores trataram a "caixa" como mercadoria. A Apple sobreviveu aos anos magros (antes do renascimento do Mac), permanecendo diferenciada e mantendo o controle de sua cadeia de valores, colhendo margens mais elevadas mesmo em volumes menores.

7. **Identifique temas** relacionados com poder de negociação, recursos, parcerias e proteção.

    Conforme esta narrativa aconselhadora ressalta, a análise da cadeia de valores vigente costuma oferecer importantes dicas sobre as posições mais atraentes, como captar sua fatia justa do valor criado pela cadeia como um todo e como evitar as forças da comoditização. É preciso considerar todos esses elementos ao decidir onde colocar suas apostas de crescimento.

Construindo o caso de negócio
Qual o potencial de captura de valor dos diferentes papéis na rede de comunicação?
Quem impulsiona o desempenho?
Quem detém a lealdade do cliente?
Onde a intenção estratégica está alinhada e onde diverge?

A pergunta sobre os recursos
Para cada agrupamento de atividade na cadeia de valores, que habilidades e processos são necessários para o êxito?

A pergunta de posicionamento
Onde estamos vulneráveis?
Quais as possibilidades de alterar/fortalecer nosso papel deforma a aumentar nossa capacidade de criar e captar valor?
Que novos recursos precisamos desenvolver ou melhorar para fazê-lo?
Quais deveriam ser nossos parceiros?

Construindo o caso do cliente
De que maneira a rede de comunicação cria e aprimora valores conforme definido pelo cliente?

Quando juntamos as qualidades hipotéticas de uma oportunidade atraente do lado do negócio e acrescentamos a elas insights de outras fontes como o mapeamento da jornada, temos uma fórmula para especificar os atributos centrais tanto do caso do cliente quanto do caso empresarial para sua inovação. Vamos passar para esse processo com a próxima ferramenta: o mapeamento mental.

CAPÍTULO 6:
MAPEAMENTO MENTAL

Mapeamento mental é o termo usado para o processo de busca de padrões em meio à grande quantidade de dados informativos recolhidos durante a exploração **O que é**. Ao aproximar-se da conclusão deste estágio, você já dispõe de dados interessantes e está pronto para começar a separar o que é importante, procurando por padrões e insights que lhe proporcionarão um novo olhar sobre a realidade. A meta é estabelecer os critérios para o estágio E se da concepção de ideias, que vem a seguir. Para consegui-lo, você precisa organizar e apresentar os dados de modo a permitir que padrões encobertos e suas implicações venham à tona. E tem ainda de engajar seus colaboradores neste processo de forma a criar uma "mente" comum entre eles quanto às qualidades desejadas nos designs a serem criados juntos. Repare que, ao usar o termo *mapeamento mental*, não estamos nos referindo a um determinado tipo de diagrama (um "mapa da mente" ou um "diagrama de aranha", por exemplo). Em vez disso, usamos o termo para descrever o processo de extrair significado de uma vasta quantidade de informações.

Quando usá-lo. Você passa para o mapeamento mental quando sente que colheu dados representativos de cada parte essencial clientes, fornecedores, parceiros e suas próprias operações e está ansioso por conceber ideias. Já que você sempre desejará mais informações, a passagem da coleta de dados para o mapeamento mental é muitas vezes regida mais pelo cronograma do projeto do que pela segurança em ter coletado toda a informação de que necessitava. Saber que você não está à procura de uma única resposta certa o ajuda a desapegar-se da necessidade de certeza no processo do mapeamento mental.

Por que o mapeamento mental diminui o risco com relação ao seu projeto de crescimento: As ferramentas iniciais do estágio **O que é** rendem uma enxurrada de dados. O primeiro desafio é processar toda essa informação de forma que você possa *usá-la* para conceber ideias melhores do que se não dispusesse dela. O segundo desafio, igualmente importante, é alinhar a organização segundo as ideias escolhidas por você para serem levadas adiante. O não cumprimento desses desafios não aprender nada com as informações ou discordar das ideias mais promissoras sugeridas por elas é fonte primordial de perdas e de fracasso nos projetos de crescimento. O mapeamento mental ajuda-o a evitar ambas as armadilhas. Com ele, você está tentando substituir a cultura de debates do "negócio de sempre", sobre uma única resposta certa, pelo foco na exploração e no diálogo permanecendo orientado pelos dados. O mapeamento mental cria uma mentalidade uniforme sobre a realidade vigente, assim enfraquecendo a fidelidade das pessoas às soluções próprias que tinham quanto ao projeto. Esta é a razão pela qual o mapeamento mental precisa ser um esporte de equipe.

Para muitos, o mapeamento mental é a parte mais difícil do processo de design. Nenhum fumante apareceu para dizer à Pfizer que via o hábito como uma escolha de estilo de vida e não como um problema de saúde. Foi um insight que surgiu enquanto a equipe se debruçava sobre as informações, em busca de padrões. Estes, por sua vez, acabaram por levar ao instante "eureca!" e ao reenquadramento do negócio. Entretanto, foi muito trabalho até chegar ali. Existe muito mais arte do que ciência no mapeamento mental. É fácil sentir-se assoberbado na verdade, este estágio costuma ser um ponto emocionalmente baixo. Aqui a intuição exerce um papel de destaque, portanto o mapeamento mental é uma fase ambígua e difícil de ser estruturada.

Este é o momento onde seu "detetive interno" entra em ação. Imagine-se como Sherlock Holmes na cena do crime, rodeado de pistas em potencial, tentando juntá-las numa história coerente. Assim como Holmes e Watson você está particularmente atento ao que não se encaixa (como contornos ou pontos sensíveis), o tipo de bandeira vermelha sempre desconsiderada pelos pomposos inspetores enviados pela Scotland Yard.

O mapeamento mental requer o tipo de chama criativa que é desconfortável para aqueles que foram treinados analiticamente. Nós humanos, felizmente, tendemos a nos sair bastante bem no reconhecimento de padrões. A experiência de uma eternidade treinou nossa mente desta forma; temos tentado transformar nosso cérebro em calculadoras há apenas alguns séculos.

Dando a partida

1. **Promova uma exposição.** O mapeamento mental começa com a exposição dos dados que você coletou para que todos possam ver. Esta é uma tarefa hercúlea. Tradicionalmente, os gerentes produzem relatórios sintetizando a aprendizagem, esperando que suas equipes leiam e analisem antes de se reunirem para discutir sobre os passos seguintes. Essa abordagem pode ser suficiente para as equipes verdadeiramente dedicadas e empenhadas que trabalham juntas de forma contínua, mas nós descobrimos que confiar na preparação intensiva antecipada de um grande grupo, tal como o que você vai convidar para o mapeamento mental, é deixar muito nas mãos da

sorte. Meses de exploração costumam produzir quantidades imensas de informações que podem assoberbar aqueles que não estão intimamente envolvidos no projeto e, portanto, é fundamental uma atenção especial à apresentação dos dados para incorporar aquelas pessoas que até então tinham ficado de fora.

Nossa sugestão é apresentar todos os dados numa exposição (ou galeria de arte, se a metáfora lhe soar melhor). Para fazê-lo, você vai recorrer ao poder da visualização de modo a expor os componentes básicos do que aprendeu, da forma mais simples e clara possível. É muito provável que já disponha de alguns mapas de jornada de clientes, quadros 2 x 2 de personas e cadeias de valor para expor. É por onde vai começar. Em seguida, você provavelmente vai desejar fazer pôsteres que captem temas e tendências centrais, tanto em relação a estes quanto aos dados secundários. (Nota: As copiadoras fazem cópias em tamanho de pôster, em preto e branco, baratas, de documentos do PowerPoint ou do Word.)

Vamos voltar à equipe de Darden e ver seu processo de mapeamento mental. Ao prosseguirem no trabalho de identificação de oportunidades para aprimorar a experiência do MBA, eles se deram conta da importância de envolver o corpo docente e o estafe na procura de insights e padrões e na visualização de novas possibilidades. O desafio deles estava em concentrar estas discussões nos dados que haviam coletado, em vez de deixar que se transformassem em sessões de opinião, durante as quais um conjunto enxovalhado de ideias de estimação seria reprocessado. Na fase de exploração, os membros da equipe tinham feito o mapa da jornada da experiência de alunos, recrutadores, corpo docente e estafe; tinham realizado grupos de discussão com alunos, ex-alunos e grupos de aconselhamento; tinham examinado relatórios sobre o estado atual e o futuro da educação superior; e tinham estudado tendências demográficas e dos negócios. Os convidados para a sessão de mapeamento mental não teriam nem tempo nem a disposição para ler centenas de páginas dos relatórios que eles haviam preparado.

A solução foi criar uma galeria de dados. Mandaram fazer pôsteres baratos dos principais slides com a síntese de cada relatório grandes o suficiente para serem lidos a uma curta distância e afixaram-nos num pequeno corredor juntamente com as personas, os mapas de jornada, o estatuto original da equipe e a declaração de missão da faculdade. Eles organizaram a galeria de acordo com o grupo de partes interessadas e incluíram pequenas citações de autoria de professores e de membros do estafe durante os diversos encontros, inserindo fotos dos alunos e professores trabalhando juntos. Exceto pela preocupação do pessoal da manutenção, quanto ao efeito da fita adesiva sobre as paredes recém-pintadas, a equipe ficou satisfeita com a aparência da galeria. (Foi combinado com a manutenção o uso de uma fita especial.)

2. **Convide compradores.** Diga a um grupo de pessoas ponderadas algo entre dez e 50 que você quer a intuição delas emprestada por um dia ou mesmo por apenas uma tarde. Quando chegarem, indique para que se sentem em círculos formando pequenas "equipes". Cada um precisa de um marcador e dois blocos de Post-its médios em duas cores diferentes, um bloco maior de Post-its (0,12 x 0,20 centímetros) e uma prancheta.

   Mais de 50 membros do corpo docente e do estafe de Darden compareceram ao evento de mapeamento mental. Eles tinham sido instruídos previamente para se organizarem em equipes e chegarem prontos para começar o trabalho. Cada um recebeu uma prancheta com um lembrete do estatuto de inovação da equipe de um lado e a programação da sessão do outro, juntamente com um bloco de Post-its e um marcador.

3. **Ofereça um tour.** Abra o evento solicitando aos convidados para fazerem um tour pela exposição (ou galeria de arte). Dependendo da familiaridade que tiverem com o processo, você talvez tenha de usar algum tempo (mas não muito) circulando pela sala, explicando sucintamente o que cada elemento visual descreve.

   Começando por diferentes partes da galeria, os integrantes da equipe de Darden fizeram um tour geral de 15 minutos pela galeria.

4. **Escolha as coisas boas.** Solicite aos participantes para vasculharem individualmente (sem se falarem) e anotarem (em folhas separadas de Post-its médios) quaisquer aprendizagens que, segundo eles, deveriam alimentar novas ideias. Cada um deverá criar de 20 a 30 desses registros. Caso estejam faltando dados importantes na galeria, os participantes podem acrescentar seus próprios, mas com Post-its de cor diferente. (Faça com que as equipes comecem por pontos diferentes da sala e peça a todos que escrevam com letras maiúsculas grandes).

   Para surpresa da equipe de Darden, o corpo docente seguiu as instruções, trabalhando em silêncio por 20 minutos corridos. Aquela experiência em si criou uma memória singular.

5. **Agrupe as coisas boas.** Faça com que os participantes voltem aos seus círculos e dediquem cinco minutos, pessoalmente, ordenando seus Post-its e agrupando-os por temas, usando as pranchetas. Feito isto, cada equipe deve trabalhar como grupo para reunir os Post-its (já organizados pelos membros em padrões e temas compartilhados) num grande quadro de isopor. Sugerimos a seguinte abordagem:

Um indivíduo sugere um tema que parece significativo e cola seus Post-its relevantes no quadro. Em seguida, os demais membros da equipe acrescentam seus próprios Post-its relevantes àquele tema.

Uma segunda pessoa, então, sugere outro tema. Repete-se o processo anterior, com os participantes acrescentando a esse segundo agrupamento os seus próprios Post-its. O grupo continua desta forma até que todos os temas principais tenham sido reunidos no quadro.

Na conclusão, quaisquer Post-its que não tenham sido atribuídos a um tema são afixados nas margens como "atípicos". Fique atento a estes: uma peça de informação que não se insere num agrupamento não significa que não seja importante.

A maior parte das equipes começou devagar. Entretanto, à medida que os integrantes das equipes começaram a apresentar seus Post-its uns aos outros e a usá-los para criar agrupamentos, as conversas ficaram animadas. Os quadros resultantes não ficaram bonitos, mas eram muito significativos para os grupos que os criaram.

6. **Identifique os insights** referentes a cada agrupamento e procure por conexões entre os agrupamentos. Peça às equipes para dar um passo atrás e tentar identificar os insights que surjam de cada agrupamento. Tais insights devem ser escritos nos Post-its maiores e afixados em cima do agrupamento relevante. Em seguida, as equipes procuram por relações entre os agrupamentos.

7. **Traduza os insights e as conexões em critérios de design.** Faça a pergunta: "Com base no que aprendeu, caso qualquer coisa fosse possível, nosso design…" Registre estes critérios num álbum seriado; um por equipe.

    One of the Darden teams produced the following criteria:

    ""*Caso qualquer coisa fosse possível, nosso design…*"

    ofereceria uma experiência diferenciada e significativa aos alunos e recrutadores, exclusiva da Darden e coerente com nossa declaração de missão.

    criaria uma experiência de ponta a ponta, das admissões à formatura, que fosse forte, coerente e integrada, abrangendo disciplinas funcionais e curriculares/extracurriculares.

    permitiria que cada um dos membros do corpo docente conhecesse cem alunos da mesma forma como conhecemos os que estão em nossos pequenos cursos intensivos.

    articularia os resultados educacionais que encaramos com verdadeira seriedade e falaria explicitamente como os alcançaríamos.

    acionaria mais da atenção e dos recursos de Darden para construir relações fortes com recrutadores menores em um processo de caráter personalizado tanto para alunos quanto para recrutadores.

    insistiria para que o corpo docente detivesse todo o currículo, sem dividi-lo em feudos separados e protegesse nosso próprio território.

    apoiaria a inovação continuada E experimentaria com "viradores de jogo".

8. **Crie uma lista geral de critérios.** Faça com que as equipes vasculhem os quadros entre si, discutam os critérios e trabalhem juntos como um grande grupo para criar uma "lista matriz" dos critérios que um design ideal deveria atender.

Quando os critérios de design concebidos individualmente pelas equipes foram comparados entre elas, surgiu um grau surpreendente (pelo menos para o corpo docente) de consenso em relação às qualidades desejadas para qualquer design novo.

Tente fazê-lo em casa

Procure um lugar provido de rico apelo visual. A geladeira toda enfeitada é um local ideal para praticar o mapeamento mental. Outros locais da casa poderiam ser um quadro de cortiça entulhado de lembretes, uma velha mesa de trabalho precisando de limpeza, uma gaveta de quinquilharias ou uma estante de livros abarrotada. Além disso, as únicas coisas necessárias: uma caneta e um bloco de anotações.

A atividade é projetada para levar cerca de 30 minutos, mas não se apresse. Ao final do exercício, uma parte da casa estará organizada para atender às suas prioridades e você terá aprendido a usar um novo músculo em design thinking.

1. **Faça uma lista das premissas.** Você tem premissas sobre o que é mais importante na geladeira da mesma forma como terá premissas sobre seu cliente e seu campo de pesquisa.

   Algumas de suas premissas neste caso:

   - Já sei o que tem na geladeira.
   - Já sei o que tem de mais importante na geladeira.
   - Já sei o que jogar fora e devo fazer isso primeiro.

   E se você não souber o que tem realmente na geladeira (da mesma forma que você não tem como reter na cabeça toda a sua pesquisa de campo de uma vez)?

   E se o que você acha que é importante não é o que você sente como o mais importante? Lógica e intuição são igualmente importantes no mapeamento mental.

   E se, ao olhar para todos os itens a serem eliminados como um grupo, você consegue estabelecer uma regra sobre o que é permitido na geladeira? Há insights que surgem até mesmo de dados que o gerente de uma equipe de pesquisa inicialmente considerava irrelevantes.

2. **Coloque ordem visual no caos visual.** Retire tudo e espalhe sobre a mesa ou no chão de forma clara (sem qualquer princípio de organização).

3. **Compare e contraste.** Crie agrupamentos de itens por semelhança. Pense sobre os temas de modo amplo. É possível agrupar números de telefone importantes, fotos da família, fotos de amigos, listas de tarefas e listas de compras. Pode ainda agrupar coisas predominantemente azuis ou vermelhas. Não tenha receio de mudar os itens de um grupo para outro.

Os temas de quaisquer dos agrupamentos são contrários? Em caso afirmativo, mude os agrupamentos como grupos em um par de opostos. Talvez, a princípio, você tenha agrupado todos os seus ímãs, mas poderia separá-los em opostos: um grupo de ímãs funcionais (com números de hospitais e entregas de pizza) e o outro com ímãs decorativos e humorísticos.

Conforme for examinando os agrupamentos, o que você aprende, comparando-os e contrastando-os? Anote como essas diferenças poderiam ser significativas e úteis para você. Por exemplo: "Quando todos os meus ímãs estão juntos, consigo achá-los com facilidade e me dar conta dos números importantes que estão faltando. Talvez minha família não tivesse de buscar no Google o telefone e o endereço do médico da família".

4. **Classifique segundo as cinco indagações.** *Quem, O Quê, Quando, Onde e Por quê.* Observe seus agrupamentos. Inicialmente, a maioria das pessoas cria temas baseados em "O Que" ou "Onde". Sinta-se à vontade para desmembrar seus agrupamentos e rearranjá-los segundo "Quem", "Quando" e "Por quê".

Quem:

- Pense em quem lhe deu os itens afixados na geladeira e quem os colocou ali. Talvez todas as fotos de bebês devessem formar uma árvore da família?
- Considere reagrupar os itens de acordo com quem na sua casa os considera muito importantes. Será que isso seria um sistema útil de organização?

Quando:

- Em que ordem estes itens chegaram à sua casa? Eles formam uma lista de tarefas que pode ser organizada por ordem de urgência?

- Existe uma forma de organizar quaisquer dos itens em uma história significativa para você?

Por quê?:

- • Que itens são especialmente importantes para você e por quê? Você poderia criar agrupamentos para exibir seu orgulho com cada filho, para reavivar lembranças juntos com o/a parceiro/a ou para reunir todo o material de entrega de refeições, incluindo cardápios, ímãs com número de telefone e cupons.

Anote seus pensamentos sobre quais desses esquemas de organização são mais úteis e significativos para você.

5. **Reflita.** A esta altura, você deve ter um bloco cheio de reflexões referentes a que métodos de organização foram mais úteis (funcionais) e mais significativos (emocionais). Pode ser que alguns tenham benefícios sociais para você e outros membros de sua família. Agora você pode recriar, na geladeira, o método de organização que achou mais útil.

É claro que, nos negócios, você não precisa se limitar a um método de organização. Assim como com outros tipos de informação, pode ser muito útil fragmentar os dados, para organizar e expor o mesmo conjunto de informações de diferentes formas. Algumas estruturas organizativas o ajudarão a tomar decisões, algumas o ajudarão a compartilhar o que aprendeu, outras são de alto nível e abstratas e outras ainda podem captar mais detalhes. Considerar diferentes referenciais é um processo repetitivo e desordenado. Qualquer designer pode afirmar que parece um pouquinho diferente cada vez que você faz. Mas funciona. Agora você tem as ferramentas para criar ordem no caos.

Transição para E *se*?

Ao preparar-se para entrar no estágio seguinte do design, **E *se***, você precisa depurar as conclusões obtidas no mapeamento mental para chegar a um formulário eficiente a ser usado durante a concepção de ideias. Aqui é que o recurso da gestão de projetos 2, **critérios de design**, aparece. Não seria exagero enfatizar quão fundamental é o estabelecimento de critérios de design antes de começar a produzir soluções. Reverter esta ordem é tentar as pessoas a manipular os critérios para favorecer soluções de sua preferência em vez daquelas que atendem melhor as necessidades dos clientes. Se você dedicar tempo para estabelecer critérios de design claros antes de passar para o estágio seguinte, sua equipe terá uma noção em comum do que é preciso para ter um design superior. Os critérios de design oferecem uma medida referencial para quando for julgar designs, embora eles não constituam modelo para qualquer design *específico*.

Imagine que você tem 11 anos e tem por meta juntar cem dólares para comprar uma bicicleta nova. Você decide montar uma barraca para vender limonada na piscina do seu condomínio e acredita que levará mais de um dia para cumprir a meta. Os critérios de design para a barraca de limonada poderiam ter o seguinte aspecto:

- poder transportá-la na mala do carro do papai;
- ser à prova d'água em caso de chuva;
- oferecer sombra;
- ter uma superfície plana para servir a limonada;
- ter altura suficiente para colocar um isopor embaixo;
- ser suficientemente durável para ser reutilizada várias vezes;
- custar menos de dez dólares;
- estar pronta até sexta-feira à noite.

Nenhum desses elementos lhe diz exatamente como fazer o design da barraca de limonada, ainda assim eles eliminam algumas escolhas (tintas de aquarela estão fora, por exemplo) e direcionam para outras (uma mesa parece algo prudente). Se der esses critérios a um designer, ele ficará feliz. Está claro como você julgará o trabalho deles, embora haja espaço para que descubram uma solução inovadora.

Estes são os tipos de critérios necessários para o estágio E se. Tendo aplicado com sucesso as quatro primeiras ferramentas de sua nova caixa de ferramentas de design, você está pronto para sair da conversa sobre realidade vigente e passar para a criação de um novo futuro.

SEÇÃO III
E *se?*

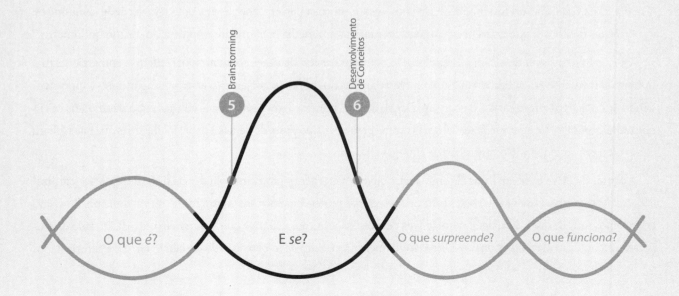

Conheça Mark Stein, outro contador e consultor gerencial que virou pensador de design. No entanto, Mark não se identifica muito com o rótulo de "pensador de design". "Sou apenas um bom solucionador de problemas", afirma. "Sinto-me facilmente fisgado por um bom problema relativo de negócios. Aquilo vira um tipo de quebra-cabeça e eu tento pensar em todas as formas possíveis de abordá-lo". Mark percebe seu bacharelado em administração, cinco anos em contabilidade pública e quatro em consultoria gerencial como uma boa preparação para se tornar um empreendedor: "O treinamento em contabilidade pública e a experiência em consultoria são uma vantagem, de várias formas. Primeiro, adoro detalhes e sempre acredito que há neles verdade e sabedoria. Reparo nos mínimos detalhes e sempre encontro alguma coisa. Tenho também uma visão prática quanto a todas as partes móveis necessárias ao funcionamento de um novo conceito".

O quebra-cabeça que chamou a atenção de Mark em 1999 foi o das deficiências e as oportunidades de crescimento no atendimento ligadas ao aumento das compras pela internet. Mark e alguns colegas pensaram que era possível dinheiro criando softwares para melhorar a experiência do consumidor. Assim, lançaram uma *startup*, a que deram o nome de Brivo Systems, e mergulharam numa investigação sobre a experiência vigente dos compradores no *e-commerce*. Eles identificaram alguns "pontos sensíveis" que pareciam estar carentes de soluções com software:

- Não era fácil encontrar itens raramente comprados (em 1999, o Google funcionava há menos de um ano).
- Não era possível a qualificação de compradores isolados para os descontos em grupo, nas compras via internet.
- Casais trabalhando fora não tinham como estar em casa para receber as entregas. Na verdade, a equipe de Mark descobriu que eram necessárias 2,2 tentativas em média o chamado problema do último quilômetro.

A Brivo Systems saiu do estágio de exploração com um desafio de design bem amplo: facilitar o comércio virtual individual mediante um aplicativo que contemplasse alguns dos pontos sensíveis citados acima, ao mesmo tempo atendendo aos objetivos empresariais da startup. De particular interesse para Mark e seus colegas era o desafio dos casais que trabalhavam fora e queriam fazer compras online para casa, tipo pasta de dentes e papel toalha, mas que não tinham como estar em casa quando o caminhão de entregas chegava.

A equipe da Brivo também tinha algumas ideias quanto aos critérios para uma solução: ela tinha de ser de fácil utilização, escalonável e baseada na internet. Tinha de ser segura e proteger as entregas contra roubo ou vandalismo. Precisava criar efeitos na rede que a tornassem viral (talvez pela recompensa aos usuários que indicassem outros). Do lado da empresa, uma solução ideal posicionaria a Brivo solidamente na esteira de informação do comércio virtual e geraria dados confiáveis para transportadoras, entregadores e recebedores. A equipe da Brivo desejava ser rápida no mercado (mostrar prova de conceito em seis meses) e ficar fora do negócio de hardware (evitando custos de capital e riscos de timing).

Usando esses critérios, Mark e sua equipe realizaram uma série de sessões de brainstorming para delinear possíveis soluções. Convidaram especialistas de dentro e de fora, inclusive o chefe de operações da Peapod (serviço de supermercado online), o diretor de marketing da Intuit (criador do software doméstico para administração financeira), o operador de uma empresa de limpeza a seco que fazia entregas em residências e o presidente de um serviço de entregas.

Três semanas de brainstorming resultaram numa variedade de ideias. Dentre elas, no que se referia a software, um aplicativo de demanda agregada que ajudaria grupos a obterem descontos e um software de reposição para auxiliar o consumidor doméstico a conseguir produtos de consumo regular baratos. Quanto ao problema do último quilômetro, as ideias incluíam um sistema previamente autorizado para alertar vizinhos a receber as entregas; uma rede de locais de coleta, tipo uma loja funcionando das 7h00 às 23h00; uma caixa de correio "inteligente" para residências, conectada à internet; um banco de caixas de correio inteligentes em áreas residenciais de maior densidade (semelhante a escaninhos numa estação de esqui); uma sacola resistente, inclusive à prova de intempéries, que um entregador pudesse pendurar numa maçaneta (posteriormente, a sacola vazia poderia ser devolvida ou recolhida quando da próxima passagem do motorista pela vizinhança).

Com base nestas ideias, a equipe da Brivo desenvolveu três conceitos a serem explorados mais tarde: o Consumulator (software que permitiria que grupos agregassem sua demanda, qualificando-se para descontos no volume), o Cuckoo Click (software que ajudaria consumidores a organizar entregas regulares de itens de uso doméstico) e Oscar the Smartbox (uma caixa de correio inteligente, ou "smartbox", capaz de acolher entregas, assim denominada por conta do personagem da Vila Sésamo que mora numa lata de lixo).

A história da Brivo Systems nos conduz ao estágio seguinte. Agora que já explorou e documentou criteriosamente O que é, você pode olhar para o futuro: E se. E se você pudesse ajudar pessoas a localizar itens difíceis de serem encontrados ou a obter grandes descontos? E se você pudesse tornar obsoleta a frase "Desculpe, não o encontramos"?

Caso ache que isto soa um pouco como brainstorming, você está certo. O estágio E se é inerentemente criativo e prolífico, mas ele tem de ir bem além de expressões simplistas quanto a novas possibilidades (o tipo de resultado que uma sessão de brainstorming produziria) e alcançar conceitos sólidos que podem ser avaliados, prototipados e desenvolvidos (se suficientemente promissores). O tópico brainstorming em si é assunto para muitos livros. Entretanto

CRITÉRIOS DE DESIGN

os critérios de design são um adendo à síntese do design. mais adiante eles articulam o alcance e a direção do projeto para o estágio e se. imaginamos que os critérios de design da brivo teriam sintetizado as aprendizagens do estágio o que é em algo parecido com o quadro abaixo:*

Meta do design	A Brivo criará uma solução escalonável, sob forma de software baseado na internet, para cada um dos pontos sensíveis do cliente: 1. Não é fácil encontrar produtos raros para compra pela internet. 2. Impossível a qualificação de compradores isolados para os descontos em grupos, nas compras via internet 3. Comprar produtos de uso contínuo, como os de uso habitual em residências, é mais complicado do que deveria ser. 4. Casais que trabalham fora não estão em casa para receber as entregas; uma entrega domiciliar requer 2,2 tentativas em média.
Percepções do usuário	• Fácil de usar • Seguro e confiável
Atributos físicos	• Qualquer peça concebida para solucionar o ponto sensível 4 precisa ser: • À prova de roubo • À prova de intempéries • Suficientemente grande para conter um produto do tamanho de uma caixa de sapato • Relativamente fácil de instalar e manter
Atributos funcionais	• Precisa facilitar o comércio virtual para os usuários • Deve facilitar o comércio virtual para outra parte interessada, p. ex. lojistas ou serviços de entrega • Precisa posicionar a Brivo na corrente de informações do *e-commerce* e gerar dados úteis para transportadoras, agências de entregas e usuários • Deve criar efeitos na rede de comunicação que o permita tornar-se viral (talvez recompensando usuários por recomendar outros)
Limitações	• Um modelo para testar o conceito precisa ser viável dentro de 6 meses. • Qualquer solução precisa ser posicionada de forma a auxiliar o atual ecossistema de entrega de compras virtuais em vez de competir diretamente com ele ou de impedi-lo.

*Todas as afirmativas, números e referências temporais deste documento são suposições dos autores e não refletem os critérios de design reais usados pela Brivo.

não é preciso ser um especialista em brainstorming para ser bem-sucedido em design thinking; o brainstorming é apenas um recurso no caminho do desenvolvimento de conceitos.

Isto acontece quando você tem um surto criativo e a maior parte do pessoal de empresa tem pavor disso. Mas, temos boas notícias: Se você é mais arquiteto do que artista, tem motivos para comemorar. Este processo depende mais de protocolos estruturados do que de puros saltos da imaginação. Conforme Larry Keeley da Doblin nos aconselhou:

> *"A criação de novos conceitos depende muito mais de disciplina do que de criatividade. Reúna as dez pessoas mais criativas que puder encontrar seja lá onde for. Arranje-me um pelotão de dez marines[fuzileiros navais] e os protocolos corretos, e prometo que vamos superar vocês em inovação."*

Uma das disciplinas que Larry e seu pelotão de marines conhecem é a disciplina para manter à distância o juízo crítico tradicional, que decompõe as ideias e encontra falhas nelas em vez de usá-las para construir algo. Somos treinados neste tipo de pensamento ao longo de toda a vida acadêmica e empresarial é muitas vezes nosso hábito profissional mais arraigado. No entanto, parte da pergunta "E se?" requer que se coloque "em espera" essa habilidade e que se explore um amplo leque de possibilidades. Há pensadores de design bem-sucedidos que usam truques e ferramentas inteligentes para escapar do hábito de decompor as coisas. Uma categoria especialmente poderosa desses tipos de recursos é a das metáforas e analogias.

O uso de metáforas não exige uma musculatura nova. Quantas vezes você já disse: "Desculpe por não ter retornado a ligação. Tive de apagar um incêndio"? Tudo o que lhe pedimos aqui é que use uma metáfora ou uma analogia para imaginar uma possibilidade futura. Por exemplo, no esforço para revigorar o Nicorette, a equipe da Pfizer fundamentou seu brainstorming na ideia de que uma solução para abandonar o cigarro poderia ser semelhante a pertencer a uma academia. Os membros da equipe vieram com essa analogia depois de descobrir, durante o estágio **O que é**, que fumantes mais jovens não viam o hábito como um problema de saúde, mas como escolha de estilo de vida. Perguntar-lhes como tentar parar de fumar poderia ser semelhante a filiar-se a uma academia libertou-os do hábito de procurar pelo "furo" de qualquer proposta. Em vez disso, eles deram asas à imaginação e criaram uma história que incluía um personal trainer, um sistema de apoio social e uma balança em que as pessoas se "pesavam" para ver o nível decrescente das toxinas no organismo (cada um desses elementos apareceram na oferta final, de uma forma ou de outra).

USE METÁFORAS

Quando recorremos a metáforas, embarcamos num processo profundamente criativo o de reconhecer uma conexão entre duas coisas aparentemente não relacionadas. Conforme Linda Verlee Williams argumenta em *Teaching for the Two Sided Mind*, a metáfora é um artifício de linguagem perfeitamente concebido para partilhar um processo de pensamento aberto com outras pessoas e para transmitir um conjunto mais profundo de relações e possibilidades do que aquilo que está à vista.[1] A equipe da Brivo Systems, a empresa de softwares de *e-commerce*, às vezes descrevia sua caixa de correio inteligente, que tinha como receber/guardar entregas domésticas caso ninguém estivesse em casa, como um "porteiro virtual". Foi uma metáfora que descortinou novas possibilidades de uso (os vizinhos podiam deixar a chave em sua caixa inteligente) e forneceu inspiração para a interface da web.

Christi Zuber ofereceu outro exemplo do poder do raciocínio por analogia, retirando-o dos esforços de seu grupo na Kaiser para reduzir os erros na medicação. Como parte do processo de exploração, a equipe da Kaiser identificou empresas em outros setores que lutavam com a questão de reduzir erros em situações essenciais. Os membros da equipe visitaram empresas a título de fazer o que chamaram de "observação análoga", levando com eles sete ou oito funcionários de segurança do paciente, gerentes e pacientes da Kaiser. Uma das visitas em particular ajudou a equipe a olhar para a questão de com outros olhos:

> *"Fomos a uma escola de voo e vimos um instrutor discorrer sobre como eles procedem com as listas de verificação. Ele nos falou sobre a 'cabine de comando estéril': onde não deveria haver qualquer tipo de conversa durante a decolagem e a aterrissagem, à exceção de assuntos relativos à segurança. Ao interrogarmos nosso pessoal sobre o que haviam aprendido com essa observação análoga, eles ficaram muito intrigados com a indagação. Assim, durante nossa sessão de brainstorming, fizemos com que eles lançassem ideias sobre ela. Como resultado, mudamos o piso à volta das máquinas de distribuição de medicamentos para demarcar 'áreas vermelhas': quando se está nestas áreas, este é a nossa cabine de comando estéril."*

Bingo! Muitas vezes, uma analogia simples é o que basta para pôr o senso crítico de lado o suficiente para imaginarmos um futuro animador. O estágio **E *se*** recorre a outros artifícios cognitivos, também, das personas e perguntas provocadoras à lógica e uma mesa de comida mexicana (você já entendeu).

Ferramentas desta seção

O estágio **E *se*** inclui as ferramentas **brainstorming** e **desenvolvimento de conceitos**. Ele termina com nosso terceiro recurso da gestão de projetos, o **esboço de guardanapo**, que o ajuda a sintetizar os principais atributos de seus conceitos e a começar a trabalhar com eles. O brainstorming (e seu sinônimo mais estiloso, ideação) faz muito executivo recuar. Acredite: você pode fazê-lo. Compartilhamos a crença de Larry Keeley de que os resultados dependem mais da execução disciplinada do que da criatividade estratosférica. A chave é abordar o brainstorming da forma correta e combiná-lo com o desenvolvimento de conceitos para transformar suas ideias em conceitos desenvolvidos, completa e concretamente.

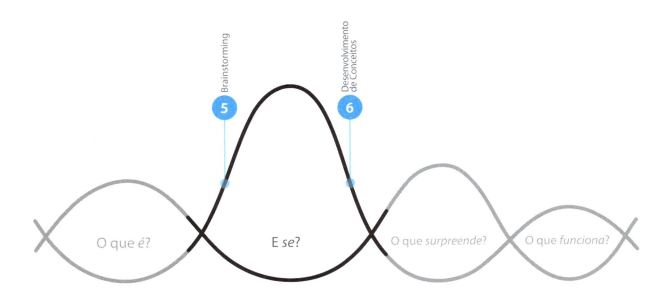

QUATRO RAZÕES PARA O BRAINSTORMING SER ODIADO

Foi-se o tempo em que as pessoas ansiavam por participar de sessões de brainstorming. Hoje, ele não está com essa bola toda e não é preciso conjecturar muito quanto à razão: quase todo gerente já se envolveu em brainstorming malsucedido, no qual vai a um lugar afastado, brinca com bolas maleáveis, é entretido por um facilitador externo sem qualquer conhecimento sobre sua empresa, cria zilhões de post-its e termina o dia em uma sala cheia de entulho e sem um processo de follow-up definido. Eis quatro razões pelas quais as pessoas odeiam este tipo de brainstorming, acompanhadas de nossas soluções para criar sessões que as pessoas vão adorar porque elas melhoram o futuro da empresa.

1. **O enquadramento dos problemas é fraco:** Existem dois tipos de pessoas nas sessões de brainstorming: os extrovertidos, que vociferam suas ideias por mais irrelevantes que sejam, e os introvertidos, que querem estar em algum outro lugar menos ali. Ambos os tipos brigam ao serem desafiados simplesmente a "pensar fora da caixinha".

    Solução: Não convide as pessoas a pensar fora da caixinha, dê-lhes uma caixa bem definida, enquadrando o desafio mediante pesquisa de usuário e, em seguida, formulando perguntas instigantes.

2. **Os suspeitos de sempre falam as coisas de sempre:** Em vez de trazer para o brainstorming a equipe mais relevante e diversificada, muitos líderes de projeto convidam um grande número de pessoas por razões políticas. Cada um traz seus projetos de estimação para a sessão e usa o tempo para justificá-los. Os extrovertidos assumem o comando apesar dos maiores esforços do facilitador externo. Resultado: nada do que é dito é novidade.

    Solução: Mantenha o grupo reduzido (12 pessoas no máximo) e diversificado.

3. ***Brainstormings* viram críticas:** A maior parte das sessões de brainstorming é carente de regras básicas: assim elas facilmente assumem um cunho de crítica e não são produtivas. Mais que tudo, nosso senso interno de crítica costuma ter lugar cativo em reuniões de negócios.

    Solução: Estabeleça regras básicas (tais como: "Evite julgamentos"). Aplique-as rapidamente e sem exceções.

4. **O brainstorming produz mais trabalho e a organização vai acabar com todas as ideias de qualquer forma:** É comum não haver um processo de follow-up para um brainstorming. E, se houver, é pouca a recompensa por tentar algo inovador e grande a penalidade por reivindicar algo difícil ou improvável.

    Solução: Não promova brainstormings a não ser que haja um comprometimento financeiro para explorar a realidade vigente, uma equipe de plantão para desenvolver alternativas de futuro e um patrocinador com um histórico reconhecido de coragem para acompanhar a realização do projeto.

CAPÍTULO 7:
BRAINSTORMING

O **brainstorming** é o primo determinado do devaneio; é uma forma de conceber ideias no nosso caso, alternativas estimulantes ao status quo. O brainstorming é tão fundamental para a forma como pensamos sobre inovação que você poderá se surpreender ao encontrar tantas atividades no processo de *design thinking* antes de chegarmos ao brainstorming. Na verdade, ao desenvolver o mapa de jornada e fazer a análise da cadeia de valores, provavelmente você percebeu que já estava tendo algumas ideias novas. Mal consegue evitar.

Quando usá-lo: Use o brainstorming no início do estágio **E *se***. O risco é usá-lo prematuramente, antes de ter estudado **O que *é***. Muitos projetos de inovação malsucedidos pulam **O que *é*** e começa pelo brainstorming, apenas para fracassar imediatamente. As ideias resultantes arrastam-se num vácuo, sem mapeamento mental que represente as verdadeiras prioridades dos clientes e sem critérios de design para julgar essas ideias e estimular um compromisso comum quanto às melhores. Outro risco é considerar o brainstorming apenas da boca pra fora (ou nem isso). É muito comum que executivos, confiantes na própria capacidade de agir, apressem-se em executar a solução mais à mão sem ter feito nenhum brainstorming.

Por que o brainstorming diminui os riscos do seu projeto de crescimento: Isto é bastante óbvio. Não se pode ter inovação sem ideias novas. O brainstorming garante que você considere ideias que podem resultar em algo fundamentalmente novo em termos de criação de valor. É sua proteção contra o risco do raciocínio cumulativo. Esta é uma fase empolgante no processo de *design thinking*. Você faz o brainstorming em equipes e grupos de forma a ter condições de utilizar o poder de pontos de vista e opiniões heterogêneos e acessar a inteligência coletiva do grupo.

Esta ferramenta o ensinará o brainstorming como uma disciplina, um processo replicável que pode ser usado para provocar pensamentos criativos de elevado potencial a fim de criar novos valores. O processo pegará o punhado de pensamentos novos que tem em mente e os multiplicará exponencialmente, pela incorporação de novas pessoas, novas perspectivas e novos estímulos. O brainstorming bem-sucedido deve ajudá-lo a criar muitas alternativas possíveis, dentre as quais você selecionará apenas algumas a serem desenvolvidas posteriormente.

Um processo de brainstorming de sucesso parece um espetáculo de fogos de artifício. As pessoas forram cobertores e se juntam a estranhos. Há clarões seguidos de estrondos. Os estrondos parecem gerar outros. E quando o sol nasce no dia seguinte, há uma bagunça enorme a ser limpa. Na bagunça que se vê após uma boa sessão de brainstorming encontram-se as matérias primas para vários conceitos inovadores. No desenvolvimento de conceitos, a próxima ferramenta, sua tarefa será agrupar e juntar peças e pedaços em uma forma coerente, sempre guiado pelos critérios de design estabelecidos ao final de **O que é**.

Dando a partida

Fogos de artifício produzem experiências estimuladoras e energizantes para quem assiste, mas sabemos que, no fundo, o espetáculo reflete um design criterioso. O mesmo é verdadeiro no que se refere ao brainstorming. Pense em brainstorming como sendo 90% de planejamento e 10% de execução.

O Zen do Brainstorming

Há mais de 2.500 anos, Buda ensinou a seus discípulos o Pensamento Correto, a Palavra Correta, a Ação Correta. Adaptemos esse modelo ao *design thinking*:

- Pessoas corretas (grupo pequeno, diversificado e despolitizado)
- Desafio correto (a síntese do design)
- Mentalidade correta (construir, não desconstruir)
- Empatia correta (persona do cliente)
- Inspiração correta (insights produzidos pelo mapeamento da jornada)
- Estímulo correto (perguntas instigantes)
- Facilitação correta (ritmo nas tarefas individuais e grupais)
- Follow-up correto (formação de conceitos e de agrupamentos)

1. **Pessoas Corretas.** SO sucesso no brainstorming provém do uso de grupos pequenos, diversificados, livres o máximo possível de considerações políticas internas. O brainstorming não pode tolerar a tendência à conformidade, portanto é essencial ir além da equipe central do projeto. Para muitos, a participação no brainstorming pode ser sua única exposição ao projeto(no lugar de um relatório de progresso gradual). Se houver gente que você quer envolver mera-

mente para garantir um apoio para o projeto num estágio mais à frente, acrescente uma atividade de brainstorming especialmente para elas em vez de realizar um megabrainstorming. Doze pessoas é o tamanho máximo aceitável e o grupo provavelmente vai precisar se repartir em grupos menores para algumas sessões de meio-dia ou de dia inteiro. Grupos compostos interfuncionais também são fundamentais para o sucesso. No entanto, você pode ir mais longe: E quanto a convidar gente de fora para as sessões? Clientes, talvez? Ou, até melhor, um terceiro partido imparcial? A equipe da Brivo incluiu várias pessoas de fora. Mas não perca o controle da composição. Segundo nossa experiência, várias sessões com grupos menores serão mais valiosas do que uma única sessão mais concorrida.

2. **Desafio Correto.** A equipe de brainstorming precisa estar focada em um desafio claramente apresentado. Os critérios de design representam um ótimo ponto de partida. Muitas vezes, será útil incluir também elementos chave da síntese do design. Estes recursos da gestão de projetos transmitirão aos participantes tudo o que precisam saber para o êxito de suas contribuições.

3. **Mentalidade Correta.** A mentalidade necessária ao brainstorming é a de um criador e não de um crítico. De modo a ajudar as pessoas a acolherem a noção de construção em vez de desconstrução, você poderia começar com um contexto inspirador (um lugar afastado?), uma história instigante (um sucesso anterior?) ou até um vídeo eletrizante (uma cliente expressando seu problema de forma natural?). Em cada caso, é preciso enquadrar as discussões em um conjunto de regras básicas, tais como:

- Um de cada vez
- Sem muitas delongas (30 segundos para cada ideia)
- Mostre seu trabalho (esboços e bonequinhos)
- Evitar o julgamento (a avaliação é posterior)
- Construa sobre as ideias alheias
- Divirta-se!

Um recente brainstorming de um dia para uma equipe de fotografia digital da Hewlett-Packard, encarregada de projetar novas experiências em fotografia digital para mães de crianças pequenas, começou com um desafio do executivo patrocinador, transmitido por telefone como fazia o Charlie do seriado *Charlie's Angels* [no Brasil, *As Panteras*]. Ele solicitou à equipe que tivesse coragem de incluir conceitos que certamente seriam alvo de crítica pelos outros, e ele incluiu um "fator coragem" nos critérios de avaliação. Aquela autorização dada pelo executivo sênior tornou-se um ponto de referência ao longo do dia. A equipe trabalhou o dia inteiro e concluiu com uma síntese para o executivo patrocinador passada por videoconferência.

4. **Empatia Correta.** PPessoas inspiram pessoas. Simples assim. Para que uma sessão de brainstorming seja bem-sucedida, os participantes precisam cuidar do problema e isso significa que você precisa mostrar-lhes os custos humanos. Aqui é onde o trabalho de pesquisa realizado no estágio O que é pode vir a calhar. Use-o para criar uma persona de um cliente que esteja vivenciando o problema em foco. Uma persona, mencionada anteriormente como uma ferramenta de visualização, não é uma grupo demográfico. É um indivíduo, com nome, idade, gostos e aversões concretas.

    A equipe da Hewlett-Packard criou "Jill", mãe de classe média, 36 anos, com dois filhos e pouco tempo para dar conta de todos os afazeres. Os líderes da sessão descreveram-na para os participantes do brainstorming e explicou-lhes sua jornada, incluindo os pontos sensíveis.

5. **Estímulo Correto.** Se existe um único atributo que determina o êxito ou o fracasso de uma sessão de brainstorming, são as perguntas usadas para provocar novas ideias nos participantes. Damos a elas o nome de "perguntas instigantes". O preparo de uma sessão de brainstorming envolve a organização de um conjunto de perguntas instigantes, elaboradas numa sequência construtiva. Em vez de representarem desafios estratosféricos ou "fora da caixinha", uma boa pergunta instigante define a caixa em que está "brincando" e concentra a atenção sobre um aspecto específico. Digamos que a Brivo Systems estivesse fazendo um brainstorming sobre o desafio de casais que trabalham fora, desejosos de usar o e-commerce para administrar o reabastecimento dos produtos de uso doméstico, como creme dental e papel toalha. Considere três perguntas instigantes possíveis:

    1. Como seriam administrados os produtos de uso doméstico no paraíso?
    2. De que forma o reabastecimento é administrado em ambientes de acesso difícil ou arriscado, como em regiões de combate e na escalada de montanhas?
    3. E se os produtos de uso doméstico só pudessem ser comprados a cada 60 dias?

    A primeira é uma pergunta clássica, do tipo "dê asas à imaginação". Vale como aquecimento, mas tende a gerar respostas desprovidas de senso prático. A segunda e a terceira perguntas podem parecer muito limitadoras em si, porém serão bastante eficazes como parte de um conjunto de perguntas instigantes. Uma atividade de brainstorming bem-sucedida requer uma multiplicidade de perguntas instigantes. Eis algumas dicas para elaborar perguntas eficazes:

    Use citações e histórias mobilizantes. Citações literais funcionam como excelentes estímulos para grupos de brainstorming. Quando os membros da equipe da Brivo se dedicaram à solução do problema do último quilômetro, conheceram um cliente cuja encomenda havia sido deixada debaixo da tampa de sua churrasqueira para protegê-la da chuva. Esquecendo do bilhete que o entregador deixara a respeito do local inusitado para deixar a entrega, ele acendeu a churrasqueira uma semana mais tarde, apenas para levantar a tampa e descobrir as novas botas de caminhada "bem passadas". A fotografia tirada e a respectiva história acabaram no mural da sala de brainstorming da Brivo.

Questione suas premissas. Todos nós temos premissas que não expressamos sobre como as coisas são feitas em nossa empresa. Ao não examiná-las e não questioná-las, elas podem se tornar os maiores impedimentos para visualizarmos novas oportunidades. Uma abordagem para reconhecer essas "regras" mentais é descrever como sua empresa funciona hoje. Sua análise da cadeia de valores deve ajudá-lo nessa tarefa. De que maneira suas ofertas chegam fisicamente ao mercado? Como as informações fluem? E quanto ao andamento das finanças? Em seguida, desafie-se a criar um cenário alternativo para cada. Às vezes vale a pena bancar o advogado do diabo. Veja Barry Sternlicht, que, como CEO da Starwoods Hotels, tinha uma intuição para explorar colchas inteiramente brancas, mesmo quando todos no ramo hoteleiro acreditavam nas estampas florais em tons escuros, supondo que elas esconderiam sinais de desgaste e de sujeira. O ex-chefe de criação da Starwood, Scott Williams, explicou como a abordagem controversa de Barry ajudou a empresa a desenvolver seu conceito Heavenly Bed [Cama dos Céus]:

> *"Barry é um gênio em branding e persistia perguntando a todos os envolvidos no desenvolvimento da cama, Por quê? Por que deveria ser como sempre tinha sido feito? Acabamos fazendo um teste e descobrimos que, na verdade, é bem mais fácil limpar colchas brancas por ser possível usar alvejantes. O foco dirigido para a cama e na roupa de cama branca foi um "virador de jogo", por incrível que possa parecer. A satisfação dos clientes foi às alturas. A Marriott levou quase seis meses para seguir a nossa tendência. Ao fazê-lo, Bill Marriott disse: 'Passei a vida inteira no ramo hoteleiro e não acredito que foi preciso Barry Sternlicht para me ensinar a fazer uma cama!"*

Explore os extremos. Cenários extremos costumam provocar pensamentos originais. Imagine onde a Kodak estaria hoje se, nos idos de 1996, ela tivesse explorado seriamente a pergunta instigante: "Que ofertas lançaremos caso 90% do mercado mudasse para a fotografia digital?" Se você está no negócio de serviços de assistência médica, pergunte: "E se pudéssemos ser pagos por este serviço apenas com base nos benefícios obtidos?"

Mude quem faz o quê. Muitas das inovações de maior sucesso advêm da mudança em papéis fundamentais na cadeia de valor. A eBay faz com que seus vendedores "armazenem" os estoques. A IKEA faz com que o consumi-

CONTRA-LÓGICA E O SEGMENTO DE JANTARES REFINADOS

Uma das formas favoritas que temos de provocar novos insights é convidar os participantes do brainstorming a atuarem como contestadores. Entretanto, em vez de pedir a eles que contradigam tudo, concentramos sua atenção nos elementos subjacentes que fazem a atual empresa funcionar. Chamamos isso de "lógica dominante" do negócio. Por exemplo, imagine que você acaba de se formar no Culinary Institute of America e está à procura de uma forma inovadora de oferecer experiências gastronômicas sofisticadas. Poderíamos definir a lógica dominante do mercado de jantares refinados da seguinte forma, de acordo com o fluxo das mercadorias, das informações e do dinheiro:

	LÓGICA DOMINANTE	CONTRA-LÓGICA
Fluxos Físicos	1. Alimentos frescos dos mercados próximos 2. Ingredientes da estação 3. Local: fachada de loja sofisticada 4. Comida preparada à la carte 5. Maioria dos empregados sub-remunerados 6. Refeições consumidas no local	1. 2. 3. 4. 5. 6.
Fluxos de Informações	7. Clientes leem comentários 8. Anúncio em revistas regionais 9. 60% reservas, 40% sem reserva 10. Software para gerenciar alimentos	7. 8. 9. 10.
Fluxos Financeiros	11. Pagar diariamente o suprimento de alimentos 12. Clientes pagam após o jantar	11. 12.

Em vez de tentar remexer em todos os fluxos de imediato, poderíamos pedir a uma equipe de brainstorming para focar na mudança de um ou dois para ver as novas combinações possíveis. Por exemplo, se mudarmos o Fluxo Físico 3 para "Trailer Airstream", teremos uma nova experiência na qual a comida pode ir até os clientes desejosos de viver uma experiência fora de sua moradia ou mesmo no seu parque favorito. Isto elimina um elemento dispendioso do modelo de negócio tradicional o imóvel e dá margem a possibilidades incríveis. Se mudarmos o Fluxo Físico 6 para "Comida congelada e consumida numa data posterior", teremos criado um modelo de negócio de comida pronta. Finalmente, se mudarmos o Fluxo Físico 5 para "Prisioneiros recentemente postos em liberdade procurando construir habilidades para uma vida nova", temos a DC Central Kitchen, um modelo desenvolvimento de comunidade amplamente imitado que também fornece comida ótima.

dor monte os móveis. O serviço de bankline transforma você em seu próprio caixa. Boutique hotéis *setornam* a diversão. Para explorar a noção de mudança de papéis, inclua perguntas instigantes do tipo "Como poderíamos repassar (a difícil tarefa X) para um terceiro?"

Explore tendências e cenários tecnológicos. A maioria dos mercados está passando por mudanças de ordem tecnológica. Uma boa pergunta instigante para explorá-lo poderia ser: "Como podemos facultar o self-service aos clientes?" Outro conjunto de perguntas provém das principais tendências que estejam afetando seus mercados. Se você estiver no mercado de bens de consumo, uma pergunta instigante poderia ser "Como fazer com que os clientes configurem e personalizem nosso serviço?"

Finja ser outra pessoa. Imagine-se como alguém pertencente a um segmento bem diferente do seu. Ao se esforçar para contemplar uma oportunidade estranha, pergunte-se, **E** *se*...

- sua empresa fosse a Apple e pudesse encontrar parceiros para articular uma experiência de plataforma integrada?
- sua empresa fosse o Google e tivesse a missão de conferir a todos, em escala mundial, a capacidade de encontrar informações o mais fácil e rapidamente possível?
- sua empresa fosse a Virgin e, por natureza, fosse divertida, irreverente, jovial e envolvente?
- sua empresa fosse a Disney e percebesse todos os clientes como convidados a serem regiamente tratados?
- sua empresa fosse o Wal-Mart e quisesse compartilhar economias com os clientes para mantê-los sempre voltando e querendo mais?
- sua empresa fosse o Harrah's e pudesse prever e reagir no momento exato em que o cliente estivesse pronto para sair do cassino?

Fique no futuro e faça a retrospectiva. Finalmente, alguns acharão mais fácil imaginar um futuro alternativo se os colocar nesse futuro e perguntar a eles como chegaram lá. Chamamos isso de retrospectiva. Ela potencializa a noção poderosa popularizada por Stephen Covey, mencionado no Capítulo 3, que devemos começar tendo o fim em mente. A Brivo poderia estimular novas possibilidades por meio de uma pergunta de retrospectiva do tipo: "A Amazon quer oferecer nossa solução como uma opção de frete. Que atributos nossa solução demonstrou para obter esta oportunidade?"

6. **Facilitação Correta.** As considerações centrais são construir confiança, manter o ritmo e variar as tarefas individuais e em grupo. Um dos mecanismos mais poderosos de facilitação para solução de problemas em grupo é a prática que Stan Gryskiewicz (cofundador do Center for Creative Leadership) chama de "cartões azuis"[2].

Ela consiste em apresentar a mesma pergunta instigante a todos do grupo e convidar cada um a *trabalhar em silêncio* e a escrever no mínimo três ideias, uma ideia por cartão. Você concede três minutos para uma rodada de registros e aí cada cartão é compartilhado com o grupo e afixado para os outros verem.

A primeira rodada tende a desencavar uma porção de ideias que você discutiu superficialmente por anos, portanto é fundamental haver uma segunda rodada com a mesma pergunta instigante, que um de nossos colegas chama de "rodada de eco". É quando os participantes têm a oportunidade de refletir sobre o que ouviram e construir a partir daí, muitas vezes combinando dois registros diferentes no quadro de uma forma inusitada. Este exercício impossibilita o domínio do grupo por algum extrovertido verborrágico e assegura o envolvimento de todos. Ele também fortalece a confiança do grupo nele mesmo e no processo de brainstorming. (Nota: Este método já se mostrou capaz de gerar três vezes mais ideias originais do que o brainstorming oral conduzido, mesmo depois de eliminadas as redundâncias.)

Igualmente válidas são as atividades em pequenos grupos, principalmente depois que os participantes já tiverem se pronunciado depois de algumas rodadas com os cartões azuis. A competição também mantém o fluxo da corrente criativa. Por exemplo, se estiver fazendo um brainstorming sobre uma experiência online para gerenciamento de uma doença crônica, poderia dividir um grupo de 12 pessoas em três equipes e dar a cada uma delas a mesma pergunta instigante: "De que maneira esta experiência pode se beneficiar do telefone celular?" Faça com que uma equipe foque no paciente fã e conhecedor de tecnologia, outra no paciente medianamente aficionado e a terceira no paciente avesso a ela.

Uma consideração final é o ritmo: É preciso mantê-lo animado para os participantes. Caso eles tenham usado os cartões azuis por três rodadas, modifique a abordagem para o brainstorming oral conduzido usando um álbum seriado. Uma alternativa seria designar pessoas para equipes diferentes, liberando novas energias. Ou a próxima sessão pode ser externa. A exaustão mental virá em algum momento, mas uma facilitação provida de recursos consegue mantê-la longe e ajudar a produzir algo realmente original.

7. **Follow-up Correto.** As sessões de brainstorming podem incorrer em dois tipos de erros. Primeiro, a descaracterização dos resultados como "conceitos". Na verdade, o resultado do brainstorming se configura em ideias com potencial para serem combinadas, daí partindo para novos conceitos, coerentes e convincentes. Se você tentar avaliar as ideias em seu estado bruto, quase sempre as achará incompletas. Há muita coisa desconhecida, muitas premissas não colocadas. O processo que converte ideias brutas em conceitos sólidos passíveis de serem avaliados

é descrito na ferramenta 6, desenvolvimento de conceitos. A melhor forma de fazê-lo é com uma equipe pequena e pode ser realizado nos dias seguintes à conclusão das sessões de brainstorming. O segundo erro é deixar de reservar recursos e métodos para converter os resultados em uma solução implementada. As ferramentas de 7 a 10 superam essa dificuldade e auxiliam os conceitos mais convincentes a encontrarem espaço no mundo e a criarem valor.

Tente fazê-lo em casa

Por vezes, a educação e o desenvolvimento pessoal acabam ficando para trás. Por que não tentar uma abordagem de *design thinking* ao seu próprio desenvolvimento profissional no próximo ano? Conduza um processo de brainstorming usando as seguintes etapas:

1. Estabeleça uma meta em relação a como você deseja usar um orçamento modesto (em termos de tempo e recursos para viagens) para criar uma experiência de desenvolvimento profissional que produzirá benefícios significativos para você, seu supervisor e seus subordinados; converta isso em uma síntese de design.

2. A título de contextualização, documente seu desenvolvimento profissional nos últimos cinco anos. Que experiências de desenvolvimento você realizou? Quanto de esforço elas exigiram? Quais os benefícios resultantes para você para os outros? Quais foram, para você, os pontos altos e baixos em termos emocionais? Seja conciso no máximo, três folhas de álbum seriado.

3. Prepare, no mínimo, seis perguntas instigantes para alimentar uma boa sessão de brainstorming. Inclua perguntas contestadoras como: "o que eu poderia ensinar aos outros que ajudaria no meu desenvolvimento?"

4. Convide uma ou duas pessoas para ajudá-lo no brainstorming sobre seu desenvolvimento profissional (pode ser um colega, um mentor ou mesmo o cônjuge).

5. Faça o brainstorming formalmente (se ajudar, você pode se referir a si mesmo na terceira pessoa). Certifique-se de formular regras básicas e de usar o processo dos cartões azuis por, no mínimo, três rodadas. Não pare até obter, ao menos, 50 ideias nos cartões ou em Post-its.

6. Agora, observe os resultados. Suas perguntas instigantes funcionaram? Algumas ideias surpreendentes à vista?

Nota: Guarde suas ideias vamos usá-las no exercício "Tente fazê-lo em casa" na próxima ferramenta, desenvolvimento de conceitos.

CAPÍTULO 8:
DESENVOLVIMENTO DE CONCEITOS

Desenvolvimento de conceitos é o ato de escolher as melhores ideias, juntá-las em soluções detalhadas e, então, avaliá-las usando critérios tanto do cliente quanto da empresa. É análogo ao que o diretor de cinema faz em estúdio, editando as boas partes da película em algo criativo e ainda assim coerente. Enquanto o brainstorming é melhor quando feito por um grupo diversificado incluindo pessoas que não fazem parte do projeto de inovação, o desenvolvimento de conceitos requer uma equipe central dedicada: Costuma faltar ao pessoal de fora tanto o contexto para o projeto quanto o tempo necessário para realizar o desenvolvimento de conceitos.

O que você deseja é construir uma *multiplicidade* de conceitos de modo a poder oferecer escolhas para a plateia, no caso, o cliente. Se você chegar a 200 ideias durante o brainstorming, talvez as use para criar 12 conceitos, dos quais três serão testados com os clientes e, por fim, possivelmente apenas um deles venha a ser aplicado.

Quando usá-lo: Use o desenvolvimento de conceitos imediatamente após o brainstorming (como parte do estágio **E** *se*). Entretanto assegure-se de que você se esforçou para criar uma grande variedade de alternativas originais e que está pronto para concentrar-se nas melhores. O desenvolvimento de conceitos o prepara para avaliar seus conceitos à luz dos critérios de design.

Por que o desenvolvimento de conceitos diminui os riscos do seu projeto de crescimento: O resultado do brainstorming é quase sempre muito rudimentar e incompleto para ser avaliado usando os critérios de design. O processo de desenvolvimento de conceitos considera as ideias mais inovadoras do brainstorming, combina-as de forma inteligente e completa-as com lógica empresarial. Por fim, esta fase é fundamental tanto para proteger ideias originais de serem cortadas precocemente quanto para evitar que você seja tão tomado pela empolgação da criação de valor a ponto de negligenciar o atendimento da questão da empresa por conta de sua nova ideia.

Dando a partida

Já construiu alguma coisa com Lego? O desenvolvimento de conceitos parece muito com isso, exceto que você quer construir várias "algumas coisas". Para compreender como funciona, consideremos um desafio enfrentado por uma divisão da Siemens e ver de que forma ela usou os resultados de uma sessão de brainstorming para desenvolver alguns conceitos interessantes.

> Em 2003, a Siemens Building Automation estava passando por um crescimento regular nas vendas, mas uma queda nos índices de satisfação dos clientes. O problema, constatado pela divisão, era algo chamado de "solicitações ad hoc", pedidos de clientes para pequenas modificações. Havia dois tipos de estafe da Siemens trabalhando com os clientes: cerca de 2 mil técnicos de serviço, que achavam repugnante a ideia de "vender" e prefeririam evitar a interação com a equipe gerencial na obra do cliente e aproximadamente 200 executivos de contas (na América do Norte), ocupados com o registro novos pedidos (que lhes garantiam comissões!) e deixando as solicitações ad hoc para trás. A Siemens precisava de uma forma de solucionar o problema "ad hoc" sem enfraquecer o crescimento das vendas.
>
> A equipe de serviço de qualidade da Siemens estudou o contexto, enquadrou o problema e concebeu várias dezenas de ideias com uma atividade de brainstorming. As ideias incluíram a formação de equipes tipo tropa de elite, para ir de aparelho em aparelho para fazer os reparos ad hoc; o registro eletrônico de todos os pedidos ad hoc e o gerenciamento centralizado deles; permitir ao cliente fazer a proposta por escrito usando pedidos de ad hoc pré-formatados; oferecer uma garantia de 72 horas para a resolução de ad hocs; programar os dispositivos manuais (laptop, tablet) dos técnicos de serviço para produzir propostas automáticas; usar os empreiteiros locais no lugar dos técnicos da Siemens e instituindo um programa de "reparador frequente" para premiar os técnicos que resolvessem ad hocs rapidamente.

1. **Junte os Legos.** Primeiro, reúna os ingredientes principais necessários ao desenvolvimento de conceitos: uma equipe central, os critérios de design e os resultados do brainstorming.

2. **Espalhe os Legos,** semelhante à exposição que criamos no mapeamento mental (**ferramenta 4**). É mais fácil trabalhar com 100 ideias ou mais se for possível visualizá-las com facilidade e mexer com elas. Nós gostamos de

colocar tudo nas paredes como se estivéssemos numa galeria de arte. Deixe espaço extra para poder mover os itens ao perceber relações e padrões. Comece a organizar as ideias usando os seguintes métodos:

- Elimine as redundâncias.
- Coloque as ideias semelhantes umas perto das outras.
- Veja o que está faltando e acrescente ideias se possível.
- Faça uma lista dos temas que surgirem, tais como:
  - autosserviço;
  - pague na saída;
  - personalização;
  - SAC;
  - disponibilização/pré-serviço;
  - soluções sem adicionais.
- Estabeleça prioridades usando os critérios de design
- Coloque estrelas nas ideias e temas essenciais

  Mark Hadding da Siemens lembra-se das considerações sobre os resultados do brainstorming. Nenhuma das ideias o impressionou ou a seus colegas como uma sacada de gênio. Nenhuma delas chegava a representar uma solução coerente e completa; eram meros elementos que podiam ajudar, se fossem combinados da maneira certa. Conforme Mark explicou: "Não ficamos totalmente desestimulados, nem tampouco sabíamos ao certo como prosseguir. Havia peças intrigantes para serem trabalhadas. Por fim, compreendi que precisávamos de um brainstorming *depois* do brainstorming, porém este agora focado na criação de algumas combinações interessantes".

3. **Escolha algumas âncoras.** Escolha de cinco a doze temas para servirem de âncoras para conceitos distintos. Se estiver trabalhando com ideias antitabagistas, assim como a equipe da Pfizer, poderia tentar elaborar conceitos usando âncoras como o sistema de duplas, um grupo de estranhos, o coaching por telefone, concursos, garantias e sistemas de feedback. A equipe da Siemens criou conceitos em torno de várias âncoras:

   - ferramentas de produtividade do executivo de contas;
   - autosserviço para os clientes;
   - esquemas de incentivos;
   - serviços de terceiros;
   - empenho dos técnicos de serviço;

4. **Crie os conceitos iniciais (faça um chilli).** Finalmente, você está pronto para formar alguns conceitos. Esta etapa se inspira nos princípios da arquitetura. Você estará combinando elementos diferentes a partir do brainstorming,

mas deseja que eles estejam tematicamente ligados, equilibrados e proporcionais e devem formar conceitos distintos. O termo estiloso usado pelos designers para esta fase é "jogo combinatório"; tem a ver com a escolha de elementos que se combinam para criar tanto um valor atraente para o cliente e um modelo viável de negócio. Neste caso, o inteiro é maior do que a soma das partes. No desenvolvimento de conceitos, combinações feitas inteligentemente driblam a única "ideia luminosa" o tempo todo.

Uma de nossas abordagens favoritas à combinação de ideias nos foi ensinada por Jeremy Alexis, professor do Illinois Institute of Technology, que conhecemos no Capítulo 1. Ele estimula seus alunos a montarem uma "mesa de chilli mexicano". Eis como acontece:

- Pense em todas as categorias de elementos que podem ser colocados no chilli: carne, feijão, vegetais, temperos, etc. (para Jeremy, são as "variáveis")
- Agora, pense em todos os itens possíveis em cada categoria, tais como diferentes tipos de carne e de temperos (Jeremy denomina-os "valores")
- Agora, crie diferentes combinações de variáveis e valores e faça diferentes tipos de chilli. Você pode preparar um chilli vegetariano (muitos vegetais, nenhuma carne), um chilli para os carnívoros (qualquer tipo de carne, nenhum vegetal) ou o chilli havaiano (presunto e abacaxi, sem pimenta caiena). Você já entendeu o espírito da coisa.

A mesa de chilli de Jeremy é uma bela metáfora para liberar novas combinações, que foi exatamente o que a equipe da Siemens fez:

> A equipe do serviço de qualidade "preparou um chilli" e conseguiu chegar a uma variedade de soluções, incluindo:
>
> - Bônus especiais para os executivos de contas e ferramentas de produtividade para atender os ad hocs
> - Loja de Premiações: Programa de adesão voluntária para técnicos de serviço para executarem os reparos ad hoc sem envolver os executivos de contas
>
> O conceito da Loja de Premiações tirou o melhor partido do capital humano existente: Eram dez vezes mais técnicos de serviço do que executivos de contas. Para superar a aversão dos

técnicos a vendas, a Siemens apresentou a Loja de Premiações como um "serviço de solução de problemas" (técnicos adoram resolver problemas técnicos). O conceito incluía também uma ferramenta de proposta automatizada (outra ideia resultante do brainstorming), que mais tarde diminuiu o sentimento dos técnicos de que estavam vendendo serviços, e a estrutura de autorização prévia ofereceu-lhes oportunidade de escolha. Depois de alguns aprimoramentos no conceito da Loja de Premiações, a Siemens o implementou. Nos primeiros seis meses, cerca de 50% dos técnicos de serviço se inscreveram no programa (que oferecia brindes de um catálogo como incentivo) e os índices de satisfação dos clientes deram rapidamente um salto.

As ideias em si, resultantes do brainstorming da Siemens, podem não ter parecido tão inovadoras. A construção de um aplicativo para o dispositivo manual que gerava propostas automáticas de tempo e materiais não pareceu algo revolucionário. Entretanto, aquilo se tornou inovador e convincente no contexto do problema comportamental solucionado (ao se evitar que os técnicos de serviços sentissem como se estivessem vendendo) e pela forma como foi combinado com outra ideia (o sistema de pontos de recompensa). No final das contas, combinações inteligentes de pequenas ideias são muitas vezes o que respondem pelo sucesso de projetos de crescimento.

Acima de tudo, a solução descoberta pela Siemens está ancorada nas observações que a equipe fez durante a pesquisa etnográfica conduzida no estágio **O que é**. Projetos bem-sucedidos de crescimento raramente resultam da magia aleatória de um brainstorming; eles surgem da aplicação disciplinada do *design thinking*, que se acha enraizada nas necessidades não atendidas dos usuários.

Tente fazê-lo em casa

Ao final da ferramenta de brainstorming, fizemos um exercício para fazer um brainstorming sobre formas de transformar seu próprio processo de desenvolvimento profissional no ano que vem. Agora, vamos usar os resultados para fazer o desenvolvimento de conceitos. Eis o exercício:

1. **Junte os Legos.** Reúna seus critérios de design e os resultados do brainstorming. Opcional: Convide um de seus companheiros de brainstorming para ajudar nesta parte também.
2. **Espalhe os Legos.** Afixe os critérios de design na parede, juntamente com os resultados da sessão de brainstorming. Organize as ideias, faça uma lista dos temas e escolha pelo menos cinco (e não mais do que dez) ideias ou temas que pareçam essenciais para atender aos critérios de design.

CRIANDO A CAPA DESTE LIVRO

A título de exemplo simples de brainstorming e desenvolvimento de conceitos, considere a capa deste livro. Ela foi concebida usando o processo de design thinking. Nos idos de junho de 2010, Jeanne disse a Tim: "Pense um pouco sobre o que deveria ter na capa". Antes de partir para Charlottesville para uma reunião de trabalho, Tim fez graça com uma capa simples mostrando a palavra "Crescimento" com uma lâmpada pendurada onde deveria estar o "o", iluminando logo abaixo uma placa de Petri com algo brotando dela em busca de luz.

> "Adorei", disse Jeanne. "É a nossa capa!"

> Jeanne, você não pode adorá-la ainda. Ainda não estudamos alternativas", disse Tim. "Uma única opção não é uma opção. Vamos usar o processo de design".

> Hmm, tudo bem", Jeanne concordou, querendo terminar logo com aquilo, porém sentindo que ela tinha de servir de exemplo, por assim dizer.

Durante a viagem de volta de Charlotte, Tim fez um brainstorming com a colega Jenny Lynn Cargiuolo. Conversaram sobre possíveis capas, usando uma série de perguntas instigantes, incluindo:

- Quais as suas capas de livro favoritas?
- O que "crescimento" lhe diz?
- O que "design thinking" lhe diz?
- Que estilo de design este livro precisa ter?
- Que tipo de capa será atraente e, ao mesmo tempo, desafiadora para um gerente?

Com base nessa discussão, Jenny Lynn esquematizou 18 alternativas num caderno enquanto Tim dirigia. De volta aos escritórios, Tim e Jenny fizeram uma busca sobre livros com temática semelhante para ver o tipo de design de capa que usavam. A meta era ser distinto e ainda assim atraente naquela categoria. O processo de comparação indicou alguns prós e contras, usados por Jenny para desenvolver modelos rudimentares das 18 alternativas (processo que levou menos de duas horas).

Este foi o resultado do nosso brainstorming; agora estávamos prontos para o desenvolvimento de conceitos. Observamos os 18 modelos e os classificamos em cinco temas: plantas em crescimento, esboços que se tornam reais, metáforas de ferramentas, ícones inteligentes e ingredientes ou padrões. Queríamos oferecer a Jeanne e seus colegas em Darden o melhor conceito de cada uma dessas áreas temáticas. Por fim, sabíamos que escolheríamos uma só capa e ela poderia até combinar elementos de dois diferentes conceitos, mas a meta dos cinco conceitos iniciais era pedir bons feedbacks. Depois de escolher os favoritos, melhoramos os modelos e inserimos título e subtítulo, escolhendo fontes e enquadrando cada um dentro de um retângulo para casar com o tamanho da página.

Jeanne e três colegas da Darden School serviram de "clientes" dessas capas, dando feedback em três rodadas rápidas de revisões e melhorias. Não foi surpresa alguma a capa com a placa de Petri sucumbir ao primeiro corte. A imagem da lâmpada já estava bastante "batida" para colocar outra capa no mercado, sentiram os nossos observadores. Ponto válido, sem melindres por parte dos designers. Em poucos dias chegamos ao design que constituiu a capa deste livro. Tempo total consumido: aproximadamente 14 horas.

3. **Escolha algumas âncoras.** Escolha no mínimo três (e não mais do que cinco) temas para servir de âncora para a construção de conceitos de desenvolvimento profissional. Busque diversidade e empolgação. Estes temas devem entusiasmá-lo como cliente potencial e seu supervisor também.

4. **Formule conceitos iniciais.** Escolha uma âncora e comece a registrar as ideias que parecem relevantes para ela. Proceda da mesma forma em relação às demais âncoras. Não se preocupe quanto a usar algumas das ideias em conceitos variados, contanto que cada conceito se distinga dos outros.

5. **Insira os detalhes.** Complete o exercício, seguindo o seguinte modelo:

   - Que tipo de experiência em educação/desenvolvimento estou considerando? Como funcionaria?

   - Que necessidades de desenvolvimento essenciais ela atenderia em relação a mim? De que forma meu supervisor e meus colegas se beneficiariam?

   - Quais os custos e os riscos?

   - De que forma ela enriqueceria a aliança entre mim e a empresa?

Transição para O que *surpreende*?

Ao fazermos a transição da criatividade poderosa do estágio E se para a realidade preocupante do **O que** *surpreende*, onde teremos que fazer algumas escolhas difíceis quanto ao que fazer em seguida, usaremos outro recurso de gestão de projetos o esboço de guardanapo para aprimorar cada um dos conceitos que concebemos. O **esboço de guardanapo** não deve ser confundido com o esboço de elevador: aquilo que você fala sobre seu projeto durante uma subida de dois minutos no elevador. O esboço de guardanapo tem um pouco mais de espaço, e seu papel é expressar cada conceito de forma a facilitar a comparação entre eles.

A unidade de inovação corporativa na empresa de serviços financeiros The Hartford, oficialmente chamada de White Stag: Innovation at The Hartford, está entre alguns dos grupos que usam uma versão do esboço de guardanapo. O formato da White Stag, adaptado da SRI International, organização de P&D no Vale do Silício, é chamado de NABC, referindo-se aos quatro quadrantes do guardanapo, cada um dos quais destinado a responder uma de quatro perguntas estratégicas:

- Necessidade: Que necessidade não atendida estamos enfocando?
- Abordagem: Qual a nossa abordagem para atender essa necessidade, e de que forma ela é original?
- Benefício: Como o cliente se beneficia? Como nós nos beneficiamos?
- Concorrência: Que concorrência enfrentaremos e que vantagem teremos?

Inevitavelmente, o processo de inovação exigirá uma escolha difícil dentre projetos com potencial elevado. Tudo bem os guardanapos finalistas na pergunta 1 sempre podem ser retomados, quando os recursos adicionais se tornam disponíveis. O uso de um modelo padrão permite comparações à medida que sua experiência avança.

Na The Hartford, assim como em outras organizações que usam as ferramentas de *design thinking*, o importante é evitar o comprometimento com um conceito neste estágio do processo de inovação. Dispondo de uma multiplicidade de conceitos convincentes a explorar, maiores serão as probabilidades de que você encontre uma que despertará um "uau".

SEÇÃO IV:
O que surpreende?

Lembra-se de Diane Ty da AARP e do Projeto Prepare-se para pessoas com menos de 50 anos e financeiramente comprometidas? Diane e seu pessoal passaram pelo estágio E se, pelo brainstorming e daí para a criação de alguns conceitos diferentes para um novo site tudo sob o lema "ajudar pessoas de todas as idades a fazerem escolhas mais inteligentes hoje para uma vida melhor amanhã".

Dois dos conceitos aparecem descritos nos esboços de guardanapos abaixo. O primeiro foi construído em torno da ideia de uma fonte de empréstimo para quitação de dívida. A ideia era impulsionar os membros da geração Y (e outros) de modo que pudessem gerenciar suas dívidas e começar a desenvolver hábitos de poupança. AARP facilitaria isso fornecendo contratos-padrão, ferramentas interativas e planos de pagamento para seus membros e aqueles a quem seus membros fornecessem apoio financeiro.

ESBOÇO DE GUARDANAPO: fonte de empréstimo para quitação de dívida

Necessidade
Gerenciamento da Dívida
Clientes da geração Y com empréstimos estudantis:
- Sentem-se mal por se sentirem "sozinhos com dívidas eternas"
- Podem não compreender como priorizar o pagamento de diferentes tipos de débito (por ex.: débito do cartão de crédito x empréstimos estudantis x empréstimos da casa própria)
- Pais parentes têm dificuldade de juntar dinheiro quando fazem empréstimos informais "para ajudar"
- Enfrentam uma espiral descendente de dívidas

Abordagem
AARP fornece contratos-padrão, planos de pagamento, e/ou mecanismo de cobrança.
- AARP poderia ajudar seus membros a formalizarem uma abordagem para dar dinheiro a filhos adultos
- AARP poderia fornecer modelos flexíveis para contratos e planos de pagamento (e recomendações de como melhor alavancá-los)
- AARP poderia trabalhar com um parceiro para fornecer um mecanismo de cobrança formal de baixo custo ou custo zero.

Benefício
- Usuários da geração Y ganham um "novo empréstimo vitalício" saindo da bola de neve dos juros da dívida estudantil
- Usuários da geração Y ainda podem aprender a quitação de dívida responsável, mas a um nível de taxa de juros significativamente mais baixo
- Pais parentes têm um contrato formal acordado para quitação do empréstimo
- Pais parentes ainda podem "dar uma ajuda" financeira, sem interferir no crescimento da independência financeira e da responsabilidade.

Outros Fornecedores de Serviços*
- Plataformas de empréstimo circular
- Serviços de empréstimo tradicional
- Advogados
- Fontes informais de empréstimo

*Este quadrante seria normalmente chamado de "Concorrência", mas organizações sem fins lucrativos tecnicamente não possuem concorrentes.

O segundo conceito focava no planejamento de vida através de várias ferramentas de visualização, tais como orientação profissional dada por especialistas financeiros voluntários, recursos financeiros interativos e discussões continuadas com a comunidade.

ESBOÇO DE GUARDANAPO: visualização do planejamento de vida

Necessidade

Planejamento de Vida
Clientes da geração Y dos segmentos Transtornado, Catastrófico, Otimista e Realizador, TODOS:

- Tomam importantes decisões de vida
- Esforçam-se para visualizar o impacto de decisões financeiras no seu estilo de vida e o impacto do estilo de vida em suas finanças
- Esforçam-se para avaliar a importância de diferentes demandas quanto a suas finanças

Abordagem

Uma realidade virtual onde usuários podem visualizar várias trajetórias de estilo de vida e obter aconselhamento sobre as decisões afetas ao estágio da vida. Características possíveis incluem:

- Ferramentas de simulação de estilo e eventos de vida
- Texto elucidativo para explicar armadilhas comuns e oferecer aconselhamento
- Visualização rica em termos gráficos e interativos que agregue múltiplas decisões financeiras complexas em um diagrama simples e acessível
- Inspirador e Individual: "Escreva Sua Própria Aventura" ou "Seu Sonho Americano"
- Divertido: O mundo do "Jogo da Vida" ou "Segunda Vida" onde os avatares passam por estágios da vida
- Os membros da AARP acima de 50 anos atuando como mentores online
- Especialistas financeiros fornecem orientações gratuitamente

Benefícios

- A geração Y está livre para correr atrás do "Sonho" dela, aliviando-se dos medos associados a mudanças drásticas de vida;
- A geração Y recebe orientações pessoais de conselheiros experientes que "estiveram lá, fizeram aquilo";
- Os membros da AARP com mais de 50 anos podem achar recompensador servir como mentores da comunidade.

Outros Fornecedores de Serviços*

- Consultores financeiros em pessoa, serviço pago
- Consultores financeiros por telefone, serviço pago (ex: Charles Schwab);
- Questionários de diagnóstico financeiro oferecidos por instituições financeiras (ex: USAA)
- Colunistas de aconselhamento online e de jornais

*Este quadrante seria normalmente chamado de "Concorrência", mas organizações sem fins lucrativos tecnicamente não possuem concorrentes.

Esboços de guardanapos na mão, a equipe da AARP identificou 40 premissas diferentes, fundamentais para os conceitos que precisavam ser testados antes que pudessem ir mais adiante. Diane explicou:

> *"Colocamos nossas hipóteses e, então, através deste processo iterativo começamos a repisá-las, recorrendo não apenas à pesquisa original, como também a relatórios de pesquisas ou até artigos de jornais, buscando evidências tanto para apoiar ou para refutar as hipóteses ao longo do caminho. Onde havia alguma disparidade, dizíamos, bem, como resolveremos isso? E então ela poderia tanto informar uma atividade seguinte a ser prototipada quanto, em alguns casos, conduzir à conclusão de que precisávamos gastar com uma pesquisa inédita novamente."*

Uma das principais premissas era de que uma oferta endossada pela AARP seria mais poderosa do que a de uma marca independente. A equipe documentou cuidadosamente as evidências que já possuíam, respaldando ou contradizendo esta premissa. Por exemplo, a equipe conduzira uma pesquisa que indicava que a AARP era vista por gerações como defensora confiável de pessoas mais idosas. Os membros da entidade e suas famílias diziam que esta ligação poderia fazer com que se sentissem mais favoráveis a uma nova oferta. Pesquisas anteriores realizadas pela AARP, entretanto, sugeriam que a imagem da organização era conflitante com o conceito de serviços para os mais jovens. E dados fornecidos por terceiros sobre novas marcas que haviam estabelecido credibilidade instantânea com o segmento de adultos jovens, como MySpace e Facebook, questionavam o valor de marcas estabelecidas neste mercado.

Os membros da equipe da AARP decidiram que necessitavam um teste de mercado para solucionar a questão. Entraram em ação, decidindo prototipar e testar quatro abordagens à Visualização do Planejamento de Vida (esboço de guardanapo 2), cada uma com diferente nível de associação com a empresa-mãe: a primeira fazia pleno uso da marca AARP, o segundo utilizava o logo da AARP e seu slogan "ajudando pessoas de todas as idades a fazerem escolhas mais inteligentes hoje para uma vida melhor amanhã", a terceira referia-se à AARP apenas na seção Sobre Nós, e a quarta mostrava vídeos de usuários conversando sobre a nova oferta e o patrocínio oferecido pela AARP.

Vamos dar um passo atrás e ver o que Diane e sua equipe estão fazendo agora. Eles concluíram as duas primeiras fases do *design thinking*. Através da exploração do **O que é**, aprenderam muito sobre a vida dos jovens a quem eles esperam servir. Através de um brainstorming e do desenvolvimento de conceitos em E se, eles direcionaram alguns conceitos que acreditavam ter um verdadeiro potencial para criar valor para seus pretensos clientes e atender aos objetivos empresariais. Agora é hora de fazer escolhas difíceis, identificando os melhores conceitos aqueles que *surpreendem* – para guiar decisões posteriores quanto a investimentos. Para fazer isso, o grupo precisa de uma visão clara das principais premissas que se mostram verdadeiras para o êxito dos conceitos e um plano para testá-los, tanto usando dados já disponíveis ou saindo e coletando novos dados dos clientes.

Para determinar **O que** *surpreende*, você precisa testar o futuro no presente algo complicado. Mas nós fazemos isso o tempo todo. Quando você faz o test-drive de um carro novo, quando você coloca uma roupa na sua frente e se olha no espelho, e quando você preliminarmente faz a agenda de uma reunião, está testando possibilidades futuras sem sair do presente.

Trazer à tona as principais premissas (e, em seguida, sujeitando-as a testes) é a ênfase da etapa O que surpreende. Primeiro você testará estas suposições, o máximo possível, em experimentos mentais. Após esgotar esta abordagem, você testará, então, quaisquer premissas restantes por meio de experimentos físicos, conduzidos no mercado, no qual clientes reais interagem com um protótipo da sua nova oferta.

Um experimento mental, assim como um experimento físico, começa com uma hipótese claramente exposta e usa dados para determinar se é verdadeira ou não. Diferentemente de um experimento físico, entretanto, que envolve entrar no mercado e agir, um experimento mental usa a lógica e os dados existentes em um processo mental que envolve apenas o *pensamento*. Assim, experimentos mentais parecem mais com as análises que normalmente fazemos nas empresas.

Os experimentos físicos, por outro lado, precisam encontrar um meio eficiente para expressar os novos conceitos para os outros de modo que possam nos ajudar no processo de teste de premissas. Como os experimentos mentais (que usam dados existentes) são geralmente de execução mais barata do que os físicos (que envolvem sair e obter novos dados), tentamos fazer a maior quantidade possível de testes de premissas, usando experimentos mentais.

Certamente, nossas hipóteses quanto ao futuro podem nunca ser testadas diretamente *até* entrarmos no mercado (o tópico da Seção V, Capítulos 11 e 12). Sem fazer isso, o único local onde você pode procurar por evidencias é no passado. Ainda que sob condições de incerteza, dados do passado não têm muito poder de previsão. A decisão sobre quando você pode usar os dados do passado com segurança e quando não deve fazê-lo envolve usar um processo que os historiadores Richard Neustadt e Ernest May chamaram de "pensar no tempo":

"Pensar no tempo tem três componentes. Um é o reconhecimento de que o futuro só pode vir do passado; daí, o passado tem um valor premonitório. Outro elemento é o reconhecimento de que o importante para o futuro, no presente, são afastamentos do passado, alterações, mudanças, que, em termos prospectivos ou reais, alteram o fluxo familiar dos canais habituais... Um terceiro componente é a comparação contínua, uma oscilação quase constante do presente para o futuro para o passado e de volta, repleta de um potencial de mudança, voltada para agilizar, limitar, guiar, contrapor, ou aceitá-la como fruto, como tal comparação sugere."[1]

Pensar no tempo é o processo iterativo que Diane descreveu acima. Se ele parece um pouco com a solução de um sistema de equações, é porque é isso. Tipicamente, a zona que surpreende para o conceito de um negócio acontece na interseção de três critérios: Clientes têm que desejá-lo, a empresa tem de ser capaz de produzi-lo e entregá-lo, e, ao fazer isto, tem que permitir à organização alcançar seus objetivos comerciais. Para a Automação de Prédios Siemens, a solução de uma Loja de Premiações (descrita no Capítulo 8) se situou naquela interseção. E foi convincente porque resolveu o problema dos pedidos de reparos ad hoc dos clientes, e simultaneamente impulsionou o bem mais abundante da divisão: o técnico de serviço. Entretanto, a participação dos técnicos de serviço também representava uma premissa básica a ser testada.

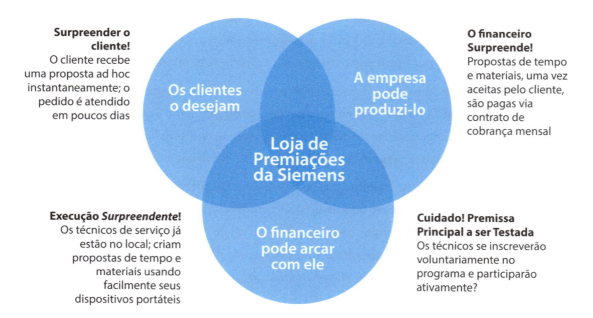

Ferramentas desta Seção

As duas ferramentas desta seção começam por transformar seus conceitos de esboço de guardanapo em ofertas comercializáveis. Usando experimentos mentais, o teste de premissas identifica e inicia o **teste das premissas** básicas das quais depende o sucesso de um conceito. A **prototipagem acelerada** funciona para expressar um conceito proposto da forma mais eficiente para posterior exploração, teste e aprimoramento.

Estas ferramentas refletem um equilíbrio entre o foco no que está faltando (insight sobre as premissas principais e o que não sabemos) e o que existe (incorporado ao protótipo). Certamente, os dois devem informar um ao outro ao longo do processo para descobrir **O que** *surpreende*. Conforme você for lendo esses capítulos, observe a interação entre o que você sabe e o que você não sabe. Isso acerta em cheio o tipo de incerteza a que você precisa estar atento no design para o crescimento.

O objetivo predominante de **O que** *surpreende* é expressar novos conceitos de modo a expor os elementos incríveis enquanto você treina para melhorar os mais fracos. E queremos lembrá-lo novamente de que a vida de um projeto de crescimento é bem menos linear do que a disposição de nossas ferramentas sugere. Especialmente nesta etapa, o teste de premissas, a prototipagem, e mesmo a cocriação do cliente (que inserimos na próxima etapa, **O que** *funciona*, mas podia facilmente ocorrer como parte de **O que** *surpreende* ou mesmo de **E** *se*) interagem em uma dança repetitiva ao usarmos o que aprendemos para aprimorar nossos conceitos.

CAPÍTULO 9:
TESTE DE PREMISSAS

O **teste de premissas** é uma ferramenta para trazer à tona as premissas básicas que sustentam a atratividade do conceito de um novo negócio e usar dados para avaliar a probabilidade de que essas premissas sejam verdadeiras. A abordagem reconhece que qualquer conceito de um novo negócio é, na realidade, uma *hipótese*: uma conjectura bem informada quanto aos desejos dos clientes e o que eles valorizarão. Como qualquer hipótese, o conceito de um novo negócio é construído sobre algumas premissas acerca do que a torna atrativa. Tais premissas devem ser válidas para que a hipótese seja "verdadeira". Portanto, testá-las é essencial. Se, por exemplo, nossa proposta de valor hipotética repousa sobre a premissa de que os clientes realmente se importam com (e pagarão um preço pela) conveniência, deveríamos descobrir o mais rápido possível se isto de fato é verdadeiro.

O primeiro passo aqui é identificar e articular as premissas. A segunda é escolher entre duas opções para testá-las: reunir novos dados em um experimento de *campo* no mercado ou usar os dados existentes para conduzir um experimento *mental* analítico sem ir ao mercado. Já que experimentos no mercado tendem a ser caros e visíveis, é uma boa ideia conduzir seus primeiros testes utilizando os dados que você já tem.

Quando usá-lo: O teste de premissas é uma atividade essencial uma vez que você possui um conceito definido, que é o motivo pelo qual nós o apresentamos no **O que *surpreende***. Entretanto, ele pode ser uma técnica valiosa muito mais cedo no processo e mais tarde em **O que *funciona***. Muitos praticantes do *design thinking* definem suas premissas mesmo antes de ir a campo fazer a etnografia durante **O que *é***. Trazer à tona suas premissas sobre os clientes e suas preferências torna você mais alerta como observador e mais cônscio de suas tendenciosidades. Mais tarde no processo, isso vai ajudá-lo a priorizar; você geralmente tem mais conceitos interessantes para testar do que recursos disponíveis. Mesmo contando com recursos abundantes, você não quer testar nada no mercado que não seja preciso.

Por que o teste de premissas diminui os riscos do seu projeto de crescimento: Quando projetos de crescimento fracassam, é *sempre* porque a realidade se mostra diferente do que você imaginou: Talvez os clientes não queiram uma nova oferta, sua empresa não possa executá-la, os parceiros não gostem dela, ou os concorrentes a copiem rapidamente. Lançar novos conceitos para ver se vendem é uma abordagem potencialmente cara e arriscada que você quer evitar por tudo, exceto por aqueles mais atraentes. Você minimiza o risco e despesas fazendo o teste de mercado apenas dos conceitos que passam por um conjunto de testes mentais iniciais.

O teste de premissas foca na identificação dos elementos que tornam seu conceito um sucesso ou um fracasso. Supõe um olhar frio e duro sobre suas principais vulnerabilidades. Há várias destas mais comuns a serem consideradas com cuidado, incluindo taxas de adoção, momento de entrar no mercado, e disponibilidade das parcerias principais. Mark Stein da Brivo Systems mantinha o que ele chamava de lista de "bandeiras vermelhas" das principais vulnerabilidades do *e-commerce* de softwares, que ele atualizava ao longo do processo.

Pense em si mesmo como um empreendedor preparando um lançamento para um investidor capitalista. Você não sabe o suficiente para *garantir* o sucesso, mas precisa estar extremamente confiante em ter selecionado um problema que valha a pena, de ter as bases para uma solução original e convincente e de ter uma visão clara das principais vulnerabilidades e o que seria necessário para testá-las.

Os princípios aqui são os mesmos. Projetos de crescimento orgânico referem-se à exploração de possibilidades desconhecidas, e requerem tomada de decisão prudente devido à incerteza. Já que você não está buscando capital de risco de um investidor profissional, a tarefa desta ferramenta de *design thinking* deve ser um substituto para aquele investidor para auxiliar você a focar nos elementos fundamentais dos quais seu conceito depende. Então preste particular atenção nas alavancas que influenciam os aspectos econômicos, como preço, custo e taxas de adoção.

Com certeza, nenhum gerente de mente aberta quer focar em más notícias. Mas quanto mais cedo você encontrar a fraqueza fatal em um novo conceito, mais cedo poderá consertá-la com sua inventividade ou mudar para um conceito mais promissor.

Dando a partida

É hora de listar as premissas centrais das quais depende o sucesso do conceito de negócio proposto por você. As etapas do teste de premissas são as seguintes:

1. **Descreva os testes genéricos de negócio nos quais seu novo conceito deve "passar" para seguir adiante.** ANeste estágio, seu objetivo é ver o que vai ser necessário para que sua nova ideia se torne um negócio viável, atraente, de forma que você possa fazer um conjunto de testes que se aplica a quase qualquer negócio novo em qualquer segmento:

    1. Teste de valores: Clientes vão comprá-lo a um preço viável

    2. Teste de execução: Você pode criá-lo e entregá-lo a um custo viável

    3. Teste de escala: se você passar em 1 e 2, vai acabar (quanto antes melhor) podendo construir um nível de volume que faça valer a pena.

    4. Teste de proteção: Ao terminar todo o trabalho envolvido nos passos 1 a 3, os concorrentes não vão poder copiá-lo com facilidade. Simples assim. Pense: ser valioso, exequível, escalonável e protegido. Estas são os principais quesitos envolvidos na identificação e no teste da atratividade de qualquer conceito de um novo negócio.

    > Imagine que você é um funcionário de desenvolvimento de negócios recentemente nomeado em uma empresa de empréstimos para casa própria, há pouco adquirida por uma grande empresa de cartão de crédito, e foi atribuída a você uma autorização para identificar e desenvolver uma iniciativa de crescimento. A nova matriz é uma das maiores emissoras de cartão de crédito nos Estados Unidos, com mais de 60 milhões de contas em todo o mundo e reputação de líder em marketing direto e serviços online. Além de cartões de crédito, a companhia oferece uma variedade de serviços financeiros, tais como financiamento de automóveis, empréstimos para pequenos negócios, empréstimo imobiliário e segunda hipoteca. A empresa, entretanto, não oferece primeira hipoteca. Sendo novo no negócio de hipotecas, você se aprofunda por vários meses nos prós e contras do segmento e finalmente identifica uma série de oportunidades de crescimento que você acredita ter alto potencial. Uma de suas favoritas é o produto de primeira hipoteca, direcionado para clientes da matriz com elevado patrimônio líquido, oferecido por um serviço personalizado através das agências de seu banco. Você acredita que o conceito proposto passe por todas as quatro etapas dos testes:
    >
    > 1. Os clientes valorizarão a conveniência da atenção personalizada dos bancos, de ter um só local que atenda todas as suas necessidades financeiras, e as taxas privilegiadas que poderá oferecer-lhes graças ao seu conhecimento sobre o histórico de crédito deles.

2. A capacidade da matriz para oferecer uma qualidade extraordinária e um tempo mínimo de permanência online para produtos financeiros é bem conhecida; você também já possui atendentes qualificados para atender nas agências.

3. Dados históricos informam que a matriz possui 35 milhões de clientes com excelentes taxas de crédito.

4. Concorrentes já estabelecidos no mercado, como Bank of America e Wells Fargo, estão ocupados organizando a bagunça de seu negócio com hipotecas *subprime*, então você vê uma oportunidade de entrar sem medo de retaliação por parte deles.

2. **Descreva os testes específicos em que seu novo conceito deve "passar" para seguir adiante.** São testes que se referem a sua empresa e situação em particular. Que objetivos estratégicos importantes você está tentando alcançar com este novo conceito? Que premissas está elaborando sobre como e por que este conceito atinge aqueles objetivos? Consulte os dois primeiros recursos da gestão de projetos: síntese do design e critérios de design. A síntese do design deve fazê-lo lembrar dos objetivos organizacionais estratégicos que aspirava ao iniciar a jornada de inovação. A síntese do design conterá os requisitos incontornáveis que o conceito do negócio deve atender, baseado nas avaliações da etnografia do seu cliente e da cadeia de valores.

    Uma vez que um dos motores por trás da aquisição de sua empresa por uma grande companhia de cartão de crédito era uma esperada sinergia entre as duas organizações, este novo conceito deveria ser um ótimo ajuste com os objetivos estratégicos.

3. **Assegure-se de que suas premissas em relação a cada teste (valor, execução, proteção e escala) sejam tão explicitas quanto possível.** Lembre-se que estas premissas giram em torno de um conjunto de suposições bem informadas que você fez sobre o seguinte:

    - Clientes: Por que este conceito criará um valor superior para eles, quanto estarão dispostos a pagar, e se há clientes suficientes para constituírem um mercado de tamanho suficiente.

        Ao pensar mais profundamente sobre o conceito, você compreende que sua proposta de valor repousa sobre algumas premissas importantes. Uma delas é que seus clientes com alto patrimônio líquido valorizam o serviço personalizado que seus atendentes oferecem.

- Sua organização: Como a organização irá criar e entregar o valor prometido e que capacidades isso irá alavancar. Você também deve identificar os recursos essenciais que estão faltando e com quem irá formar parcerias para obtê-los.

    Embora os fantásticos recursos online de sua matriz estejam bem estabelecidos, sua capacidade para fornecer este novo produto também se fundamenta nas habilidades de seus atendentes nas agências. Eles possuem as qualificações necessárias? Você também se dá conta de que está supondo que a escala da matriz no negócio de cartões de crédito pela internet se transformará num negócio de serviço personalizado.

- • Concorrentes: Que concorrentes provavelmente serão afetados e como irão reagir. Isto abrangeria premissas quanto a se e por que eles são capazes de copiar o conceito rapidamente e que de outra forma poderiam interferir nos seus esforços.

    Há muitos concorrentes no setor, mas você está partindo da premissa de que eles não notarão nem reagirão à sua entrada na seara deles.

4. **Determine as premissas fundamentais para a atratividade de seu novo conceito.** Se você tiver sido meticuloso, provavelmente terá concebido muito mais premissas do que conseguirá testar. Você tem como destacar o conjunto de prós e contras de sua nova ideia? Também é importante considerar o senso de ocasião. Em geral, os dois testes que mais importam nos estágios iniciais do processo de inovação são os testes de valores e de execução. Proteção e escalabilidade vêm depois, conforme você aprende mais sobre a oferta. A maior parte dos novos conceitos falha no teste de valores mais do que no teste de execução, de modo que é aí que sugerimos a você concentrar-se inicialmente.

    Você decide que o teste de valor é onde deve começar. Se uma porção significativa do seu alvo, clientes com alto patrimônio líquido, não valoriza o serviço pessoal que você pretende oferecer nem a conveniência de um só local onde solucionar tudo, é improvável que seu conceito seja bem-sucedido.

5. **Tendo reduzido as premissas a um número administrável, você agora deve identificar os dados necessários para testá-las.** É fundamental aqui refletir sobre a aparência dos dados que poderia validar ou refutar suas hipóteses. Já que os gerentes são obcecados por dados, você poderia pensar que isto seria moleza, mas esta tarefa vem a ser

surpreendentemente difícil. A maioria dos gerentes foi ensinada a considerar as informações obtidas e trabalhar com elas. Aqui, você está identificando as informações de que necessita e daí conjecturando como obtê-las. Isto requer prática e paciência e uma equipe com um leque de perspectivas. Aqui é onde os "questionadores nomeados" se tornam úteis. Eles são peritos em procurar falhas na lógica, enquanto os líderes de inovação costumam ser otimistas incorrigíveis. Você precisa de ambas as qualidades para encontrar e executar o crescimento. Aqui é onde você descobre como ter questionadores na sua equipe, compartilhando suas preocupações de forma produtiva.

> Um dos membros de sua equipe o sempre questionador Thomas aponta o que ele vê como uma possível falha na sua lógica: E se indivíduos com alto patrimônio líquido possuírem consultores financeiros que lidem com suas transações financeiras importantes, tais como uma nova hipoteca? Eles já possuem um serviço personalizado e tudo em um só lugar; eles não precisam desses serviços de seu agente hipotecário.

6. **Ordene os dados necessários em uma das três categorias seguintes:** O que você sabe, o que você não sabe e *não tem como saber* e o que você não sabe, mas *poderia saber*.

Vamos ver cada categoria isoladamente:

1. **O que você sabe.** Estes são os fatos, relacionados a cada premissa, de que já dispõe. Esteja alerta para as crenças disfarçadas de fatos. Não confunda os dois. Os questionadores o ajudarão, destacando as áreas onde suas interpretações pessoais (e por vezes otimistas) podem estar cegando você para algumas realidades que precisam ser reconhecidas.

   > Você sabe um bocado. Por exemplo, você sabe que a matriz dispõe de um conjunto excelente de recursos para fazer transações financeiras online e muitos clientes com alto patrimônio líquido.

2. **O que você não sabe e *não tem como saber*.** Este é o tipo de coisa que você não tem como saber sem uma bola de cristal. É a terra da incerteza total, a terra do *insondável*. Nenhuma quantidade de experimentos sejam imaginários ou reais pode solucionar esta incerteza. A única coisa que você pode fazer aqui é prever.

   > Há algumas questões macro importantes para quanto ao seu novo conceito de sucesso questões como housing starts [número de projetos de construção de novas residências iniciados durante qualquer mês em particular] e os níveis de taxa prime [taxa de juros básica utilizada por bancos

comerciais norte-americanos em empréstimos a clientes preferenciais.] Você poderia fazer algumas previsões aqui, mas está inseguro quanto à forma de testá-las, exceto à luz de opiniões dos "experts".

3. **O que você não sabe, mas *poderia saber*.** Em qualquer situação, há muita coisa que é sabida, mas você ainda não teve tempo de correr atrás e obter os dados. Geralmente, esta pode ser uma proposta cara, e você não quer ir atrás de dados de que não necessita. É por isso que é fundamental adotar uma abordagem orientada por hipótese, identificando apenas os dados realmente importantes e então se esforçar para obtê-los.

Algumas dessas informações podem já existir na sua empresa ou no ramo (ou em outro ramo) e você só precisa sair em busca delas e coletá-las. É o que as empresas de consultoria estratégica fazem. Mas conforme já mencionamos, é perigoso usar dados do passado (ou mesmo do presente) para prever o futuro. Em alguns casos, é bem melhor fazer aquele futuro acontecer e então observar os resultados. Para premissas nesta categoria, você não obterá bons dados até entrar no mercado. O lançamento da aprendizagem (ferramenta 10) o ensinará a conduzir de modo barato, testes de baixo risco no mundo real.

Você toma consciência de que tem muito cliente lá fora, já na base de dados da matriz, cuja visão sobre questões como conveniência e serviço personalizado você precisa compreender melhor. Provavelmente, há algumas informações pairando em algum lugar, talvez no RH, sobre as qualificações dos atendentes em suas agências.

7. **Descubra como obter informações rapidamente na categoria 3** (o que não sabe, mas poderia saber), que se presta a experimentos mentais. Aí é que a brincadeira começa. Você terá que *construir* alguns dados, o que significa não confiar no que seu sistema contábil interno ou grupo comercial do ramo decida lhe oferecer.

Você decide que determinar como seu público alvo se sente sobre serviço personalizado e valores não se presta a um experimento mental. Afinal, eles já estão na base de dados, você sabe quem são, e alcançá-los é razoavelmente barato. Por que fazer tantas análises baseadas em dados passados, que podem não refletir o que eles realmente pensam, quando você pode facilmente apenas perguntar a alguns deles? Você decide fazer um teste de mercado, um lançamento de aprendizagem, para melhorar seu conhecimento em relação à atratividade de sua proposta de valor.

Você também poderia fazer o teste de mercado do conjunto de habilidades dos atendentes das agências. Entretanto, isto parece menos necessário, porque um experimento mental pode ser só o que você necessita aqui. Você poderia gastar muito tempo e dinheiro visitando filiais para avaliar suas habilidades, mas está razoavelmente seguro de que pode encontrar alguns dados em algum lugar, dentro da empresa no treinamento e qualificação, por exemplo que pode informá-lo sobre o assunto.

8. **Conceba sua experiência mental, prestando atenção especial aos dados que poderiam provar que você está errado.** HVocê pergunta: Quantas vezes vamos repeti-lo? Não importa com que frequência o façamos, não será suficiente. Este é o seu calcanhar de Aquiles (e o de qualquer outro gerente também). Não há nada mais poderoso que se possa fazer, para reduzir o risco de crescimento, do que prestar uma atenção concentrada nos sinais de que suas premissas possam estar erradas. Muitas vezes essas premissas são sobre como os clientes (e parceiros em sua cadeia de valores) se comportarão os dados tradicionais sobre retorno coletados durante as experiências- piloto não lhe permitirão nem mesmo testá-las. Então, quanto mais explícito você puder ser sobre como aqueles sinais pareceriam, melhores as chances de estar alerta para eles e que eles corroborem seus mecanismos de negação. Este tipo de sinal deve constar em uma lista de "bandeiras vermelhas" do tipo que Mark Stein da Brivo adotava.

Uma vez que seus experimentos mentais estejam em andamento e que você tenha começado a aprimorar seu conhecimento sobre a atratividade do novo conceito de negócio, é hora de voltar às premissas principais que precisam ser testadas com clientes reais e, por fim, no mercado. Este é o foco do estágio **O que** *funciona*. Para fazer isso, você precisa criar um protótipo, o assunto de nossa próxima ferramenta.

Tente Fazê-lo em Casa

Suponha que você teve a ideia de criar um portal universal de instruções, onde podem ser encontradas instruções para qualquer aparelho, brinquedo, jogo, ferramenta e o-que-mais-houver. As pessoas não teriam mais que vasculhar uma gaveta entulhada, procurando pelo manual de um produto, quando algo dá errado. Eles poderiam apenas acessar www.instructions.com (presuma que você tem uma url), onde eles poderiam encontrar quaisquer instruções que necessitassem. É uma boa ideia de negócio? Veja aqui como você pode descobrir:

1. Faça uma pequena lista do que teria que ser verdade para qualificá-lo como um bom negócio.
   - Para ajudá-lo a criar a lista, considere como você responderia as dez principais perguntas que se poderia esperar de um investidor de risco tais como:
     - Como você alcançará os grandes jogadores para obter as instruções?
     - Quantas visitas de clientes espera receber?
2. As respostas àquelas perguntas são as suas premissas. Quais as três ou quatro fundamentais para o negócio? Essas são suas premissas *básicas*. Uma poderia ser:
   - "Podemos adquirir instruções dos fabricantes porque seus call centers e sites já os disponibilizam para download."
3. Para cada premissa básica, liste algumas formas de baixo custo para testá-la, exceto realmente lançar um teste de mercado.
   - Por exemplo, tente fazer o download das instruções de alguns itens de tecnologia de consumo popular.
   - Se você precisar estimar o volume de visitas de clientes, comece por encontrar uma estimativa de terceiros quanto ao número total de dispositivos em uso.

Você pode não ter como testar todas as suas principais premissas, mas pode descobrir a existência de fontes de dados que confirmem ou refutem várias delas. Isto lhe garante um começo rápido e vantajoso para determinar a atratividade do negócio, e provê um foco claro para as novas etapas, incluindo o lançamento da aprendizagem (ferramenta 10).

CAPÍTULO 10:
PROTOTIPAGEM ACELERADA

A **prototipagem acelerada** é a criação de manifestações visuais (e por vezes vivenciais) de conceitos. É um conjunto de atividades iterativas, feitas rapidamente, visando transformar conceitos criados no estágio **E se** em modelos testáveis e exequíveis. Você constrói protótipos como etapa posterior ao teste de premissas que você iniciou com os experimentos mentais, mas agora você vai vivenciar. Na prototipagem, você insere detalhes, formas e nuances em seus conceitos você lhes dá vida. Larry Keeley, da Doblin, chama a prototipagem "falsificando um negócio rapidamente".

É fácil fazer o protótipo de uma nova escova de dente, difícil é fazer o protótipo de um novo modelo de negócio. Entretanto, ambos os projetos precisam de uma aprendizagem rápida antes de construir um ferramental pesado ou de um comprometimento com novos investimentos em TI. Os protótipos iniciais são sempre rudimentares e inacabados na aparência, e supostamente devem ser assim, para parecer "trabalhos em andamento". Os protótipos 2D de alta fidelidade são mais elaborados, geralmente assumindo forma de *storyboards*, cenários dos usuários, jornadas de experiência, e ilustrações dos conceitos de negócios. Finalmente, você usará protótipos 3D que são modelos de trabalho "construídos" (em linguagem de design) com mais características e detalhes.

Quando usá-la: Construa protótipos no início e com frequência. Protótipos são construídos muito mais para aprender do que para "testar" uma oferta teoricamente acabada. Sua intenção é que o processo seja simples e rápido para poder "cometer erros mais rápido", identificando áreas a serem melhoradas enquanto aprova aquelas que estão funcionando. Melhor mais cedo do que mais tarde.

Por que a prototipagem acelerada diminui os riscos do seu projeto de crescimento: A prototipagem usa uma perda calculada com a qual você pode arcar: qual o valor da aprendizagem? Quanto você pode perder para aprender algo que seus competidores não sabem (mesmo se não seguir adiante com o conceito). Trata-se de minimizar o "I" do RSI (retorno sobre o investimento), que lhe permite testar muitas variações dos conceitos, trazendo mais daquilo que os designers chamam de "opcionalidade" no processo do design. O custo de um simples protótipo

2D pode ser tão baixo quanto papel e caneta. Você pode arcar com a realização de muitos protótipos 2D e fazer protótipos isolados de partes de um conceito assim como o conceito por inteiro.

Ao tornar ideias abstratas *tangíveis* para parceiros e clientes em potencial, você pode facilitar muito uma conversa significativa e o feedback sobre elas. O propósito da prototipagem é criar algo rapidamente que possa, em seguida, ser testado com os usuários, aprimorado e socializado com um público mais amplo.

Uma das diferenças mais concretas entre *design thinking* e business thinking é a prototipagem. A paixão dos designers por ele beira o fanatismo. Em recente reunião de trabalho, um de nossos designers ficou empilhando esboços enquanto nós trabalhávamos no problema. Logo ficou claro para nós que ela estava fazendo uma prototipagem para poder pensar.

Como gerente, você provavelmente é mais adepto a pensar sem fazer desenhos ou protótipos. Mas não é adepto a ajudar os outros a lerem seus próprios pensamentos. Daí por que fazer protótipos para explicitar seus pensamentos de modo que os outros possam captá-los rapidamente e compartilhar os pensamentos deles com você. Um bom protótipo, seja em 2D ou 3D, pode levar 60 segundos ou 60 horas mas sempre conta uma história que convida outras pessoas para a experiência.

Arquitetos criam plantas e modelos, designers de produto constroem protótipos físicos. A prototipagem empresarial, por outro lado, geralmente usa abordagens visuais e narrativas: imagens e histórias. Um pensador de design da Swisscom nos disse: "Imagens ajudam a esclarecer por que você se importa, antes de se consumir pensando em como construir algo". Protótipos podem até mesmo incluir dramatizações e encenações rápidas. Hoje em dia o poder do computador deu origem a um novo conjunto de abordagens à prototipagem: com vídeo games e simulações. Alguns protótipos capturam um conceito como um todo; outros representam elementos isolados de modo que cada um pode ser testado separadamente.

Além de assumir diferentes formas, os protótipos são usados de diferentes maneiras em diferentes estágios do processo de design. A evolução do Oscar the Smartbox da Brivo Systems é um exemplo ilustrativo relevante. Quando deixamos Mark Stein e sua equipe durante a fase **E** *se*, eles tinham identificado três conceitos promissores. Durante o teste de premissas, Oscar the Smartbox surgiu como líder, e a equipe começou imediatamente a prototipagem para poder responder importantes perguntas sobre o dispositivo. Oscar passou de um protótipo 2D, desenhado à mão, para um protótipo físico rudimentar em 3D, e daí para versões mais sofisticadas em 3D. Steve Van Till, CEO da Brivo Systems, recorda-se claramente da primeira vez em que demonstrou o protótipo para teste de mercado uma reunião de lançamento com o investidor de risco:

"O primeiro protótipo 3D do Oscar foi, na realidade, um cooler da marca Igloo com aquele cérebro eletrônico e teclado horríveis aparafusados nele. Usava um rádio reaproveitado RIM para conexão com a internet. Aquilo nos deixou confiantes de que nosso sistema de operação funcionaria, mas era muito desengonçado e grosseiro para uma apresentação numa reunião com o investidor de risco. Construímos, então, uma versão em miniatura do Oscar elegante, com linhas arredondadas e fixamos um teclado externo. Levamo-lo para (apresentação com o primeiro escalão da empresa) Nova York e ficou uma beleza sobre a mesa de mogno na sala de reunião deles. O sócio digitou o código de acesso no teclado, e cerca de 45 segundos mais tarde seu Blackberry sinalizou com um e-mail do nosso centro de operações dizendo: "Sua compra na Amazon.com acaba de ser entregue". Em seguida, fizemos com que ele digitasse o código principal outras vezes, para assegurar que ele não expirava após um único uso. Outra mensagem chegou ao seu Blackberry: "O código de sua compra recente na Amazon.com foi redigitado três vezes, mas só é válido para um único acesso". Nós o observamos lendo no Blackberry e vimos o sorriso se espalhar pelo rosto. A cabeça começou a assentir 'Sim.' O mini Oscar era magia pura."

Protótipo inicial
- Croqui do Conceito (2D)
- Tempo de criação: 5 minutos
- Custo do material: 1 dólar

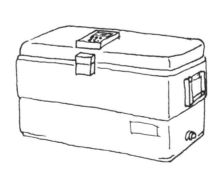

Protótipo funcional
- Cooler aperfeiçoado (3D)
- Fecho da porta magnética instalado
- Teclado instalado
- Tempo de criação: 3 dias
- Custo do material: 600 dólares

Market test prototype
- Projeto original da IDEO
- Completamente funcional
- Necessidade de criação de peças originais
- Tempo de criação: 3 meses
- Custo do material: > 10 mil dólares (devido ao custo das peças)

Dando a partida

1. **Comece pequeno e simples.** Segundo a nossa experiência, quase todas as empresas constroem o tipo de protótipo sofisticado em 3D. Eles são ótimos para ajudá-lo a descobrir como construir algo, mas neste estágio estamos mais interessados em descobrir o que (se é alguma coisa) construir. Por este motivo, os projetos de crescimento mais bem-sucedidos constroem protótipos logo de início e com frequência. Eles permitem que seus protótipos aparentem estar inacabados. Um protótipo que deixa um certo espaço para interpretação convida o usuário a contribuir e a completá-lo.

    Christi Zuber da Kaiser Permanente é uma grande fã de começar com simplicidade:

    "Há algo mágico nos caminhos de baixa fidelidade para testar algo experimental. Isso automaticamente permite que as pessoas se sintam como se pudessem deixar suas digitais ali. Quanto mais reluzente, mais acabado estiver mais as pessoas sentem como se já estivesse pronto. Apenas um tique na sua lista de pessoas que você precisa para fazer aquilo funcionar. Eles se sentem como se você não estivesse procurando feedback e sim buscando concordância."

2. **Imagine a história que deseja contar.** Visualize o conceito em quadros, usando o mínimo possível de palavras. Adicione complexidade, onde apropriado, conforme seguir adiante.

    Conforme Christi Zuber e sua equipe da Kaiser tentaram criar uma forma melhor para as enfermeiras realizarem as medicações, a história evoluiu para o melhor modo de permitir que elas se concentrassem durante a tarefa. A história começou com as imagens das enfermeiras com patins citadas anteriormente. Isto identificou o problema. A história então precisava de uma solução, descoberta durante uma sessão de desenvolvimento de conceito:

    "Esta enfermeira pegou um avental das peças de prototipagem e etiquetou 'deixe-me sozinha' na frente dele. E eles encenaram o processo durante o qual ela medicava os pacientes e as pessoas se aproximavam dela para falar algo, ela apontava para a mensagem escrita no avental. E nós concordamos em que havia algo intrigante naquilo. Então compramos alguns coletes de obra baratos da Home Depot e demos para uma enfermeira e fizemos com que o experimentasse por um turno enquanto medicava."

TIPOS DE PROTÓTIPOS EM 2D

Os protótipos em 2D assumem várias formas, e muitas lhe soarão familiares:

Fluxogramas: Estes são bem conhecidos dos gerentes com conhecimento em aperfeiçoamento de processos. Eles representam um conjunto de atividades sequenciais, com setas descrevendo as relações entre elas. Mapas de viagem são fluxogramas assim como as cadeias de valor. Use fluxogramas para transmitir os blocos de construção básicos de uma nova experiência.

***Storyboards*:** Estes podem ser simples croquis ou incorporar fotos digitais ou imagens de tela. O storyboard feito com croquis é familiar para qualquer um que tenha lido histórias em quadrinhos ou visto um vídeo de "making of" de um filme. Use esta abordagem para ir além da visão funcional e dentro da história humana da experiência, mover o foco para o usuário e o problema que a nova experiência soluciona em sua vida.

Protótipo metafórico: Este assume a forma de um pôster com imagens que funcionam como metáforas para um novo serviço. Por exemplo, se você deseja explorar uma solução para rascunhar um testamento em duas horas, você poderia mostrar uma imagem de uma equipe técnica trabalhando em um carro com as palavras "Último Desejo e Testamento do Joe" estampadas. Use-o para estimular uma reação vigorosa e promover o diálogo com um usuário alvo, sem fazer qualquer venda de características ou benefícios específicos.

Vídeos: Uma história em vídeo combina elementos de um storyboard e imagens de tela em um formato único. Os tutoriais usados pelo Netflix para familiarizar as pessoas com seu serviço foram feitos com demos em Flash, por exemplo. Os vídeos permitem que você crie a aparência do serviço sem realmente construí-lo.

Blocos de construção interativos: Aqui, trata-se de inscrever os usuários na concepção de uma nova experiência e usar uma variedade de abordagens. Uma delas é o protótipo com conjuntos de cartões, que apresenta os elementos principais (ou blocos de construção) da experiência dispostos na parte superior como um título e convida os usuários para criarem os elementos sob aquele título escolhendo cartões previamente preparados. Conjuntos de cartões são particularmente úteis na prototipagem de elementos isolados de um conceito maior, permitindo uma aprendizagem mais eficaz sobre as combinações que funcionam para os usuários (mais sobre isso no Capítulo 11). Outro formato usa "escolha e coloque", um storyboard que permite que os usuários cheguem a bifurcações na estrada e escolham uma direção. Já o vimos em pôsteres e na tela do computador. Mesmo que as escolhas não sejam mutuamente excludentes, os pontos de decisão pedem aos usuários para expressarem suas preferências.

Ilustrações do conceito do negócio: Estes são os protótipos 2D mais sofisticados. Seu objetivo é expressar uma nova experiência a partir de múltiplas perspectivas: a experiência do usuário, a tecnologia, e o modelo de negócio. Eles sempre buscam alcançar acabamento em alta definição (tais como imagística do posicionamento da marca, até e incluindo uma cópia de um anuncio) para ajudar a plateia a imaginar que a experiência já existe.

As enfermeiras adoraram a falta de interrupção mas não os coletes da Home Depot. Então a equipe da Kaiser criou uma faixa refletiva que as enfermeiras vestiam quando estavam dando medicamentos. A faixa serve como um alerta visual de que elas não devem ser interrompidas. O protótipo aqui é mais do que apenas um simples colete é toda a história no entorno: quem precisa dele, quando, onde e por quê.

3. **Mostre, não conte.** Faça o protótipo parecer real através de artefatos e imagística descontraídos. Trabalhe para criar empatia tente trazer o observador para o conceito. Foque na captura de detalhes sobre como o conceito funcionará e como as pessoas irão vivenciá-lo. Torne as escolhas concretas. Use histórias, mapas, imagens e trailers de filmes para provocar a conversa.

Christi Zuber nos contou outra história para demonstrar o poder da prototipagem, mesmo se você só contar com lençóis e clipes. A Kaiser estava construindo um novo prédio de consultórios médicos, projetado de modo que médicos e assistentes trabalhassem juntos em um espaço compartilhado, em vez de terem consultórios separados. A equipe da Christi queria descobrir como fazer o protótipo do espaço de modo que fosse significativo para os clínicos:

"Nós queríamos dar uma chance aos profissionais de saúde para que oferecessem feedback sobre nosso projeto sem que isso tomasse muito do seu precioso tempo. Entretanto, mostrar-lhes um desenho não adiantaria – não era físico o suficiente. Uma simulação em pequena escala também não supriria a necessidade. Então pegamos uma sala de conferências e simulamos o espaço, pegando lençóis, prendendo-os com clipes na parte superior, e então pendurando-os no teto rebaixado. Estimamos o tamanho do espaço que pensávamos que poderia funcionar, penduramos os lençóis, uma caixa de papelão representando o computador e retiramos uma cama hospitalar antiga do depósito e a colocamos na sala. Usamos outras caixas onde a pia deveria ficar e trouxemos os clínicos. Apenas subimos até as salas de exames deles e pedimos para que fossem ver o cenário quando tivessem oportunidade. Eles apareciam e um de nós fingia ser o paciente, e eles fingiam realmente estar nos examinando.

Muito mudou desde aquele exercício. Estávamos muito mais próximos. E fomos capazes de dar à equipe a chance para tentar de modo que a voz deles fosse ouvida. Isto é importante. Confiança é muito disso e quanto mais sentimos que as coisas acontecem por trás, então eu acho que mais chance de falhar você tem, sendo a ideia realmente boa ou não."

4. **Visualize as várias opções.** Crie algumas escolhas a serem feitas. Esteja disposto a modificar os lençóis.

   Christi continuou sua história sobre a sala de exames criada com lençóis e clipes:

   "Os clínicos sabiam imediatamente o que fazer. Podiam ensaiar e fingir estar lavando as mãos na pia. Podiam pegar a cadeira. Sentar próximo a nós. Trazer o computador para perto. Perambular e fingir estar examinando nosso ouvido. Então periodicamente parávamos e dizíamos: "Como você se sentiu?" e eles diziam: 'Bem, realmente, este espaço é um pouco grande demais. Pensamos que precisaríamos muito dessas dimensões para exame, mas é um pouco grande demais. As coisas estão um pouco longe, e não me sinto tão eficiente quanto poderia ser. Eu preferiria que a parede fosse um pouco mais perto'. E nós levantávamos e tirávamos os clipes daquela área específica e os movíamos cerca de 15 cm. E então pulamos de volta para a mesa de exames e dissemos: 'Ok, vamos fazer de novo'."

5. **Brinque com seus protótipos, não os defenda.** Deixe que os outros os validem. Mas tenha sempre em mente o que você está testando. Protótipos são para testar as premissas que você identificou como fundamentais.

Tente Fazê-lo em Casa

Escolha um relatório em que você pode confiar para fazer seu trabalho, mas que acha especialmente difícil de usar. Imprima três cópias da primeira página. Agora, tente imaginar o relatório em alguns formatos mais práticos:

- Formato 1: Semelhante ao que você tem à sua frente, mas com um código de cores indicando as partes mais importantes –VERDE para itens "favoráveis" que podem ser ignorados, AMARELO para "alerta", e VERMELHO para itens "quebrados" que necessitam de atenção imediata.
- Formato 2: Semelhante ao que está à sua frente, mas quando você coloca o cursor sobre ele, aparece uma caixa de diálogo indicando as alterações mais recentes nos dados apontados e que ações corretivas você tomou.

- Formato 3: Nos 2/3 da tela do computador à direita, estão as informações, e no 1/3 da tela à esquerda aparece um vídeo de alguém ao vivo, descrevendo os dados como se estivesse informando a previsão do tempo.

Usando uma folha de papel em branco para cada formato, crie um protótipo de baixa fidelidade que você possa mostrar a seus colegas para obter feedback deles. Use partes da página impressa para facilitar seu trabalho. Rabisque ou desenhe nelas, sejam quais forem as suas habilidades.

Finalmente, encontre alguém com quem possa compartilhar as três ideias e pedir feedback. Diga-lhe que você não está comprometido com a construção de quaisquer dos três protótipos você quer apenas feedback. Veja como eles reagem. Eles compreenderam? Acrescentaram alguma coisa? Você acha que teria obtido feedback diferente se tivesse apenas explicado oralmente as três alternativas ou usado o texto com slides de um PowerPoint?

A ideia não é colocar todas as suas melhores ideias em uma versão do protótipo. Em vez disso, ancore cada uma a um elemento diferente e elimine as diferenças. Não se preocupe; você não vai ter de escolher uma. A solução final pode combinar vários dos melhores elementos. O importante é tentar diferentes abordagens, perceber o que aprende, e observar como sua mente muda durante o processo. A prototipagem é feita para pensar, não para construir.

Transição para O que *funciona*?

Assim como em nossas outras transições entre estágios, esta será guiada por um recurso da gestão de projetos (o último), o guia de aprendizagem. O guia transforma as conclusões de **O que *surpreende*** em orientações concretas para alcançar o aprendizado decisivo que acontecerá em O que funciona o estágio durante o qual você mobilizará clientes reais para ajudá-lo a testar as premissas restantes, e fazê-lo com o mínimo investimento financeiro.

O guia de aprendizagem nos lembra da intenção estratégica e então destaca as premissas básicas não testadas que você deve explorar durante os primeiros experimentos no mercado. Ele define ainda os meios a serem utilizados para testar aquelas premissas e o capital financeiro que você quer arriscar para fazê-lo. Conforme você aprende mais com as interações com o cliente durante **O que funciona**, você atualizará e tornará o guia de aprendizagem mais claro.

Em uma empresa financiada por capital de risco, o guia de aprendizagem fornece os fundamentos para cada rodada de investimentos. Apesar de os investidores de risco não usarem esta terminologia, a empresa típica de Capital de Risco (CR) fornece apenas fundos suficientes para que uma *startup* atinja um importante marco de aprendizagem, geralmente a prova de conceito com clientes ao vivo. Se a resposta do mercado for positiva, a disponibilidade dos fundos prosseguirá. Caso contrário, a empresa de CR abandona o investimento, mas colhe o conhecimento estratégico do que funcionou e do que não funcionou, o que se transforma em capital de conhecimento que informará futuras oportunidades de investimentos nos mercados escolhidos.

As grandes organizações têm quase o mesmo a ganhar com as oportunidades de aprendizagem nos seus mercados. Embora os mecanismos para os guias de aprendizagem sejam sempre menos formais em um ambiente corporativo, a noção da aprendizagem como um acionador de decisões de investimentos está se tornando mais comum. Vemos mais e mais corporações usando protocolos chamados de retorno sobre a aprendizagem, ciclos de aprendizagem, contratos de aprendizagem, ou resultados rápidos todos incorporando o princípio da troca do capital *financeiro* pelo capital de *conhecimento*.

Curiosamente, o principal problema que um guia de aprendizagem contempla não é o do gasto perdulário sem esperanças realistas de sucesso comercial. Em vez disso, o problema primário em um ambiente corporativo é que as equipes de desenvolvimento costumam jogar de forma segura para evitar "fracasso". Lem Lasher da CSC nos contou por que sua empresa usa um tipo de guia de aprendizagem:

"Desistimos da ideia de encontrar pessoas que se sentem confortáveis com o fracasso. Elas não vêm aqui. Então para tentar coisas arriscadas tivemos que redefinir sucesso. 'Descubra se algo é viável ou não,' pedimos aos nossos gerentes de projeto. Tente fazê-lo funcionar, é claro, mas aprender por que não funciona é uma forma de sucesso. Apenas faça isso rápido'. E aquele enquadramento nos permite sair da nossa zona de conforto."

"Erre rápido para ser bem-sucedido mais cedo" é um paradoxo essencial do design thinking. O guia de aprendizagem abarca tal paradoxo fornecendo um mecanismo para assegurar que o seu projeto isole as lições fundamentais e as aprenda de forma acessível.

SECTION V:
O que *funciona*?

NESTA SEÇÃO

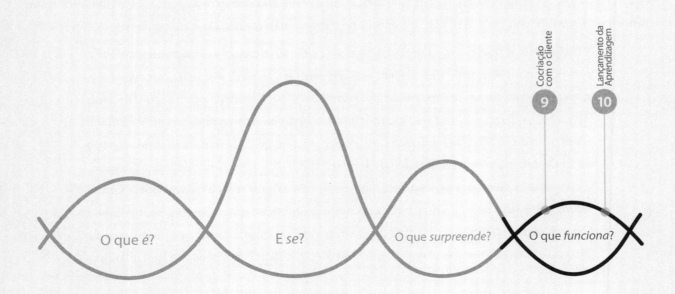

9 Cocriação com o cliente
10 Lançamento da Aprendizagem

O que é?   E se?   O que surpreende?   O que funciona?

Nossa última fase do processo de design nos leva de volta a Dave Jarrett, o sócio contábil que encontramos no Capítulo 1. Surpresa nenhuma ele é especialista em garantir o maior rendimento para o cada dólar investido. O segredo, para ele, está em envolver os clientes no processo o mais cedo possível:

> *"Nossa história antes era: tínhamos uma grande ideia, nós a construímos, e aí íamos para o mercado tentar vendê-la. E você sabe o que acontecia em seguida – um bocado de maus começos. A analogia seria vamos deixar os engenheiros projetarem o carro. Mas eles não se importam com a aparência; eles só querem saber da mecânica, da tecnologia. Somos meio parecidos com os engenheiros: Sabemos como construir as soluções para atender a necessidade do segmento, mas precisamos do design ou então ofereceremos algo que não é necessariamente muito ao gosto do público comprador.*
>
> *O que fazemos agora é reunir um grupo de pessoas, focadas em uma determinada área, e passamos um dia ou dois tentando criar uma nova oportunidade com que possamos abordar o mercado, olhando para coisas com lentes diferentes e de diferentes ângulos. E então, no final, fazemos um storyboard e levamos aqueles conceitos aos clientes em potencial, e perguntamos o que eles acham da solução proposta. Não quero chamá-lo de desenho animado, mas é o que parece".*

O "processo de um ou dois dias" a que Dave se refere resulta em um novo conceito, que é traduzido em um guia de aprendizagem. A fim de explorar as premissas básicas, ele e os membros de sua equipe da Crowe Horwarth criam vários storyboards de conceitos. Aí é onde o feedback do cliente é mais crucial. Dave exemplifica:

> *"Tínhamos um storyboard sobre um sistema de gestão de estoques que queríamos aplicar a concessionárias de carros. Concebemos os storyboards em torno de diferentes cores de carros, e os carros estavam tendo uma conversa. O vermelho disse: 'Sabe, não preciso conhecer vocês muito bem, rapazes, não vou ficar aqui por muito tempo, porque serei rapidamente vendido.' E outro carro disse, 'Eu estou aqui há um ano e ninguém se importa.' Levamos isso para um grupo de CFOs de concessionárias de automóveis e explicamos o conceito para eles. Então passamos os storyboards pela sala e pedimos que marcassem com adesivo verde os conceitos que faziam sentido para eles e com adesivo vermelho os conceitos que não faziam. Em seguida, colocamos o storyboard em frente a eles e houve um bom consenso sobre os aspectos que funcionavam e faziam sentido, sobre os que poderiam interessá-los e por quais aspectos não tinham interesse.*

> *Então pegamos aquele protótipo grosseiro, passamos ao segundo nível, e aí voltamos e dissemos, 'Aqui está o que ouvimos de vocês; eis outro conjunto de storyboards, o que nos leva um ou dois passos adiante. Estamos no caminho?'"*

Fazer com que os sócios cooperassem com a abordagem do design não era sempre fácil:

> *""Quando começamos, várias pessoas não se sentiam felizes. Elas diziam: 'Você vai chegar lá, vai sentar com esses clientes, e eles vão olhá-lo como se estivesse desperdiçando o tempo deles com isso'."*

Não ajudou muito o fato de o primeiro grupo a ir a público com a abordagem ter sido um grupo exclusivo de atendentes ambos consultores da Crow e seus clientes. Mas para surpresa geral, os clientes adoraram:

> *"Eles acreditaram sem questionar. Estavam todos felizes, explodindo de alegria. Planejamos uma hora para estes encontros. Cada um deles estava levando duas horas. E as pessoas à frente deles eram atendentes do nosso estafe; eles não eram artistas criativos ou coisa parecida."*

Dave adora o entusiasmo dos seus clientes com o envolvimento, mas a maior recompensa ainda se traduz em dólares:

> *"O custo-benefício é astronômico, comparado ao que costumávamos fazer. Usamos algumas horas nesses storyboards, os caras saíram e encontraram com os clientes. Mesmo que a ideia não chegue a lugar nenhum, sempre haverá valor em encontrar com seu cliente. Além do cliente sempre se sentir valorizado por você ter se importado em perguntar o que ele pensava. Então nunca há um lado ruim nisso. E temos economizado uma fortuna, porque noutra época já teríamos construído um protótipo de um software de US$ 25 mil sem nenhuma informação do cliente."*

Conforme Dave Jarrett demonstra, descobrir como levar adiante seus novos conceitos mais promissores, da forma mais barata não é sempre assim tão óbvio e cristalino. No estágio anterior, O que surpreende, pode parecer o ponto alto do projeto, do ponto de vista do design. Você criou uma experiência "surpreendente," verificou as premissas implícitas fundamentais, passou pelos quatro testes de viabilidade um negócio, e expressou o conceito em um protótipo. Apenas olhe para isso não é bonito?

GUIA DE APRENDIZAGEM
Podemos imaginar que o guia de aprendizagem da Crowe teria sintetizado as metas de **O que** *funciona* em algo como o quadro abaixo:*

Intenção Estratégica	Apresentar o **software de gestão de estoques** para concessionárias de carros que (a) permite à concessionária identificar facilmente os carros pouco procurados e atribuir preço a eles de acordo com o *custo real de estocagem*, e (b) informa a concessionária sobre o processo de compras futuras para minimizar prováveis pouco procurados. O objetivo geral é melhorar a lucratividade da concessionária por carro para um investimento acessível único em um software e um custo mínimo de manutenção regular.
Premissas Básicas Restantes a Serem Testadas	• Os funcionários da concessionária inserirão os dados no sistema nas 24 horas subsequentes à chegada do carro no pátio com 99%+ aceitação • O modelo de incentivos atuais de vendas pode absorver essa nova informação no fluxo de trabalho e criar um ganha-ganha para a gerência e o pessoal de vendas
Planejamento do Teste no Mercado	**Premissas Não Testadas** 1. Os funcionários da concessionária inserirão os dados no sistema nas 24 horas subsequentes à chegada do carro no pátio com 99%+ aceitação 2. O modelo de incentivos atuais de vendas pode absorver essa nova informação no fluxo de trabalho e criar um ganha-ganha para a gerência e o pessoal de vendas **Medida do Sucesso para o Lançamento da Aprendizagem** • Os funcionários da concessionária inserem os dados do carro novo precisamente dentro das 36 horas subsequentes à chegada para 95% de carros novos chegando durante um período de experiência de 60 dias (para permitir a curva de aprendizagem) • Dos 24 vendedores envolvidos, 80% avaliam o sistema como "bom" ou "excelente" • As mesmas avaliações pelos seis gerentes envolvidos
Capital a Ser Despendido	O lançamento da aprendizagem do protótipo de software para uso sem rede, por 60 dias em duas concessionárias, demandará os seguintes recursos: • Gerente do lançamento da aprendizagem + 1 equipe de apoio, ambos em meio expediente no programa • Não exceder 200 horas do tempo da equipe profissional • Orçamento para modificação do software de 50 horas, se necessário • Não exceder 5.000 dólares para despesas reembolsáveis de viagem

*Todas as afirmativas, números e referências temporais deste documento são suposições dos autores e não refletem o guia de aprendizagem real usado pela Crowe Horwath.

Seria ótimo se você pudesse fincar uma bandeira logo ali e tirar uma foto, mas esse é um falso ápice. Há outro ápice ainda mais escarpado logo adiante, onde o excitante conceito de alto potencial cruza-se com o mercado. Chamamos esse quarto e último estágio de **O que** *funciona*, e ele representa a diferença principal entre invenção e inovação: invenção é fazer algo de forma inédita, original; *inovação* requer que a invenção crie um valor econômico. Invenção não gera crescimento de renda ou crescimento do lucro só a inovação o faz.

Sim, suas criações são bonitas; nós compreendemos a tentação de se apaixonar por elas. Mas, aqui está o seu dilema: É muito caro manter todas as suas opções em aberto e testar todas. Ainda mais quando você desenvolve apenas um conceito, você está pronto (como na Crowe dos velhos tempos) para deixar muito dinheiro na mesa quando o cliente não está interessado na sua obre prima.

É pratica comum nas equipes a consideração de conceitos múltiplos e, então, escolher um para o teste de mercado. Os métodos de escolha sempre carregam um ar de rigor analítico sobre eles geralmente envolvendo matrizes decisórias ou esquemas de votação por pontos mas são abordagens carregadas de parcialidade. Elas abrem a porta para os membros da equipe expressarem seus medos e aversão ao risco, e o que surge sempre é o conceito do mínimo denominador comum, uma aposta segura que tem poucas chances de acender as paixões do cliente. Você precisa evitar isso, e apenas uma pessoa pode lhe ajudar. Aquela mesma pessoa que o inspirou a criar aqueles 300 Post-its em primeiro lugar: o cliente.

Em vez de observar alguns clientes em potencial enquanto eles navegam no mundo do **O que** *é*, agora você precisa que eles o acompanhem em uma caminhada em direção a vários possíveis futuros e cocriar uma solução com você. Isto significa colocar seus protótipos nas mãos deles e aprimorá-los baseado de suas informações até que você chegue à versão pronta para testar no mercado, usando uma ferramenta que chamamos de lançamento da aprendizagem. Esta etapa da viagem nos dará informações suficientes para fazermos uma base de dados sólida para decisões de investimentos. O estágio **O que** *funciona*, o auge do processo de *design thinking*, aciona um fluxo significativo de comunicações, seja de vitória no mercado ou lições aprendidas a um custo acessível.

Se você for como muitos gerentes, você descobrirá que **O que** *funciona* está mais próximo da sua zona de conforto do que muito do trabalho relacionado ao design, como brainstorming e prototipagem. De muitas formas, isto parece como conduzir uma experiência piloto. Mas não é. Você não está pilotando a expansão de uma linha de produto existente (examinando certezas conhecidas); você está cocriando uma nova oferta com clientes (explorando possibilidades desconhecidas). O primeiro contato entre um novo conceito e o mercado ainda é um trabalho de design em andamento.

Ao explorar as ferramentas nesta seção, lembre-se que você ainda pode decidir que nenhuma das novas ofertas são viáveis. Isto é quando você descobre, e você precisa manter a mentalidade de *design thinking* do início ao fim ou seja, você deve permanecer focado na aprendizagem (devidamente amparado pelo guia de aprendizagem) e se abrir para insights que poderiam conduzi-lo a rumos inesperados.

Ferramentas Desta Seção

Esta seção apresenta as ferramentas finais do kit de ferramentas do *design thinking*. A **cocriação com o cliente** convida alguns clientes em potencial a colaborarem com você jogando com os protótipos rudimentares para desenvolver uma oferta que realmente atenda as suas necessidades. Durante o **lançamento da aprendizagem**, você então coloca um protótipo melhorado no mercado para um experimento ampliado, construído para testar as premissas básicas remanescentes que estão entre seu conceito e o pleno desenvolvimento comercial dele. Agora, em vez de "tentar fazê-lo em casa," estamos prontos para tentá-lo no mercado.

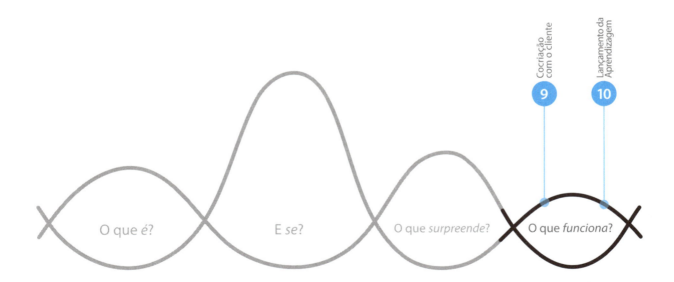

CAPÍTULO 11:
COCRIAÇÃO COM O CLIENTE

A **cocriação com o cliente** é o processo de envolver um cliente em potencial no desenvolvimento de novas ofertas de negócio. Isso consiste em colocar alguns protótipos em frente a esses clientes, observar suas reações, e usar os resultados para repetir o trajeto até uma oferta aperfeiçoada. A fase típica de cocriação pode acontecer em três rodadas, cada uma incorporando as mudanças e as melhorias resultantes da rodada anterior.

Se você deseja inovações significativas para os clientes, para valer a pena investir tanto financeira quanto psicologicamente, é preciso convidá-los para o processo. Isto gera energia e entusiasmo, tanto para os gerentes quanto para aqueles a quem eles servem. Se seu desejo é estar totalmente centrado nos clientes, a cocriação com o cliente não é uma opção ela deve ser um requisito sempre que houver alocação de fundos para um projeto de crescimento.

Quando usá-la: O quanto antes melhor! Neste nosso mundo Seis Sigma, que valoriza a perfeição e o refinamento, tendemos a ficar ansiosos ao apresentar "material" não revisado e inacabado ao cliente. Esqueça isso. Inovação é sobre aprendizado, e os clientes têm muito a lhe ensinar. Tão logo você ponha algo em frente a eles para que possam reagir, mais rápido você terá uma solução diferenciada com valor agregado. E eles vão adorar estar envolvidos.

Por que a cocriação com o cliente diminui os riscos do seu projeto de crescimento: A cocriação com o cliente está entre as abordagens que mais aumentam o valor e reduzem os riscos ao crescimento e à inovação. Toda vez que um conceito desconhecido é apresentado, é de se esperar que seja entendido basicamente errado. Daí por que a cocriação, usando protótipos de custo baixo, de baixa fidelidade, é tão essencial para reduzir riscos e melhorar a velocidade da inovação de sucesso. A cocriação leva de uma a duas semanas e custa algo em torno de quatro dígitos ou menos, enquanto o lançamento formal de um novo produto requer meses, a um custo de seis dígitos ou mais. Por esta razão, vemos a cocriação como uma das formas mais significativas de diminuir os riscos do seu projeto de crescimento.

Se sua organização parece imobilizada ante uma grande aposta, com todos os riscos que a acompanham, não pense que a cocriação seja um comportamento contestatário. Em vez disso, pense nela como um esforço paralelo para orientar como aquela aposta deve ser feita. O resultado da cocriação não se limita à identificação de problemas; ela identifica ainda soluções em potencial, o que significa que os resultados podem ser adotados pela organização maior.

Dando partida

Não há nada de tão complexo na cocriação com o cliente apenas alguns princípios simples. Eles têm a ver com a escolha dos clientes certos a serem convidados para fazer parte do jogo, dando a eles algo de valor para jogar, e ouvindo atentamente o feedback. Você pode não ter feito isso antes, mas, como Dave Jarrett, uma vez que experimentar, jamais voltará à velha ordem. Diane Ty também encontrou boas formas de usar a cocriação, e destacaremos sua história, compartilhando, simultaneamente, algumas dicas para orientá-lo.

1. **Inclua os clientes que se importam com você** (mas não tanto quanto se importam com eles mesmos). Você precisa de clientes confiáveis (eles estão sendo expostos a possíveis planos quanto ao seu futuro), ávidos por uma solução e motivados para ser totalmente francos.

2. **Diversidade = garantia.** Componha um grupo eclético de clientes para as sessões de cocriação. Existe uma tentação no sentido de escolher apenas clientes alvo, mas você poderá se surpreender ao ver que clientes que não são alvo estão igualmente ansiosos pelo que você tem a oferecer. No desenvolvimento do sistema de limpeza que veio a culminar no Swiffer, a P&G trabalhou com profissionais da equipe de limpeza, mães donas de casa e residentes das fraternidades universitárias (ô equipe corajosa!). Os três grupos contribuíram para a versão final do Swiffer.

    Diane Ty e sua equipe da AARP organizaram dois dias de intensas sessões de cocriação com usuários alvo. Eles usaram um espaço para reuniões em Boston e recrutaram 20 indivíduos para participarem de seções individuais de 90 minutos, interagindo com protótipos rudimentares.

3. **Crie uma zona de não-venda.** Sessões de cocriação não são ligações de vendas para a sua oferta. Uma regra prática é que o cliente deve ficar com 80% da conversa. Conforme Dave Jarrett explica:

    "Na realidade, o conteúdo do storyboard não está tentando vender-lhe algo; está simplesmente tentando compreender se devíamos abordar algo, como você recomendaria fazer tal abordagem? O que seria importante para você?"

4. **Inclua um cliente de cada vez.** Pode parecer ineficiente, mas lembre-se de que não está compondo um tamanho de amostra estatisticamente significativo. Você aprende muito mais quando não há nenhuma pressão social sobre os sujeitos da pesquisa quando estão sozinhos com você, sem a influência de outros expressando suas opiniões ao mesmo tempo.

5. **Ofereça um pequeno cardápio de opções.** A apresentação de um único conceito, bem avaliado, acaba com o propósito da cocriação. Normalmente, você quer oferecer duas ou três opções aos clientes e convidá-los para começar a explorar uma que os atraia. Talvez possam passar para uma segunda opção, se o tempo permitir. Simplesmente saber que o seu conceito favorito não é a primeira escolha dos clientes pode ser importante.

   Assegure-se de incluir escolhas que, em sua opinião, as pessoas não selecionarão. As melhores empresas testam conceitos que suspeitam ser muito exagerados ou muito acanhados, apenas para testar os limites de seus clientes quanto à originalidade. Por vezes os clientes o surpreenderão. Os gerentes que supervisionaram o teste alfa do Gmail Google previram que ele poderia ser percebido como muito intrusivo (um algoritmo do software lê seu e-mail privado e lhe envia propaganda direcionada?). Mas eles testaram mesmo assim, e o Gmail obteve um sucesso estrondoso.

   > As sessões de cocriação da AARP foram projetadas para ajudar Diane e equipe a compreenderem não apenas quais dos seus conceitos eram atraentes, mas também como o público da Geração Y desejava interagir com as possíveis ofertas da AARP. As ofertas eram explicadas em cartões, usando ilustrações e uma ou duas frases descritivas como:
   > - AARP fornece modelos simples de empréstimo pessoal
   > - Compare meu orçamento com aqueles de colegas de destaque
   > - Ferramenta para visualizar meu planejamento de vida financeira, com cenários
   >
   > O formato de cartões era usado de modo que os indivíduos pudessem reuni-los para criar uma oferta da AARP completa e otimizada para as suas necessidades. Cada usuário ordenou os cartões de conceito em categorias "fundamental", "importante", e "bom de ter".

6. **Forneça estímulos visuais, mas conserve a forma rudimentar.** Se é seu desejo que as pessoas o acompanhem na direção de um futuro possível, é preciso ajudá-las a vê-lo. Mas nada de estiloso neste estágio; croquis rápidos ou pôsteres são o necessário. Você quer manter a qualidade visual dos seus protótipos baixa, no início das

repetições, a fim de reforçar seu desejo de modificar a solução com base nas informações dos clientes. Faça um protótipo caprichado demais e pode ser que eles sintam que a resposta certa é "Está ótimo!"

Conforme Diane Ty da AARP explica:

"A coisa mais premente não é estar com medo de errar. É preciso estar disposto a fazer uma ligação e aí se der errado, você ficar bem com isso – isto é um grande salto de confiança para mim porque tenho um pouco da mentalidade perfeccionista. É difícil oferecer algo lá fora em estado inacabado. Mas eu sei que será um ponto positivo porque o que quer que minha equipe e eu reunamos isso só nos dará certo percentual do caminho a seguir. Para tornar isso realmente bom, eu precisava estar bem com o 'colocar lá fora inacabado' e depois reunir as informações dos consumidores para melhorá-lo e tornar mais próximo do que precisava ser."

Deixar partes do conceito incompletas é uma excelente maneira de extrair competência e criatividade do cliente. Mesmo se você sabe como sua empresa desejaria preencher as lacunas em branco, pode ser revelador ver o que os usuários reais descobrem. Por exemplo, AARP apresentou um protótipo rudimentar, em papel, do conceito da Visualização do seu Planejamento de Vida para cocriação com os participantes com a ferramenta "Entenda seu Pé-de-Meia". Ao ouvir os participantes descreverem o que eles esperavam encontrar após clicarem no botão da parte inferior, os membros da equipe da AARP perceberam que a Visualização do Planejamento de Vida seria usada mais provavelmente para autoeducação e automotivação em vez de para planejamento.

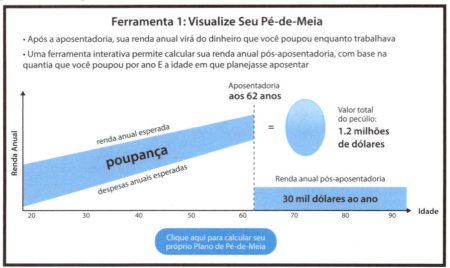

Exemplo de Convite para uma Sessão de Cocriação

Solicitação para participação no desenvolvimento de produto

Olá,

Escrevo para convidá-lo a participar de uma sessão de pesquisa que minha empresa está realizando para ajudar no desenvolvimento de um produto/serviço. Minha empresa, NOME DA EMPRESA, é uma TIPO DE EMPRESA e desejamos colher insights sobre as necessidades dos CLIENTES/GRUPO DE PARTE INTERESSADA e como vários novos conceitos de produtos/serviços podem ser melhorados. Trata-se de uma oportunidade emocionante para você e contribuir com sua experiência e assegurar que os produtos/serviços que desenvolvemos atendam suas necessidades.

A meta primordial da pesquisa é compreender melhor as NECESSIDADES/PAPÉIS/TAREFAS DO GRUPO DE PARTES INTERESSADAS de modo que possamos ajudar a encontrar formas inovadoras para melhor servi-lo. Atualmente estamos recrutando participantes para a nossa pesquisa. Você e/ou membros de sua equipe são participantes ideais devido a sua experiência e especialização.

Durante os 90 MINUTOS entre entrevista de pesquisa e sessão de atividades, pediremos a você para compartilhar sua experiência e insights quanto a NECESSIDADES/ PAPÉIS/ TAREFAS. Compreendemos que seu tempo é extremamente valioso. Gostaríamos de oferecer uma doação de 200 dólares para a instituição de caridade à sua escolha, em agradecimento por participar da pesquisa. Gostaríamos, ainda, de fornecer uma carta de agradecimento, documentando sua contribuição de competência e liderança; participantes de eventos passados solicitaram cartas desse tipo a serem incluídas em seus arquivos pessoais no RH.

Posso procurá-lo por telefone para compartilhar mais sobre esta pesquisa e falar sobre os eventuais participantes de sua equipe?

Obrigado. Espero por um contato em breve.

Atenciosamente,

SEU NOME
INFORMAÇÕES DE CONTATO

7. **Ajude os clientes a se comunicarem visualmente.** Oferecer formas visuais simples para os clientes expressarem suas escolhas ajuda-os a escolher uma preferência real em vez de dizerem a você o que pensam que quer ouvir. Os adesivos vermelhos e verdes de Dave Jarrett são um exemplo perfeito. Deixar balões em branco sobre um personagem em um *storyboard* é outra forma de provocar opiniões. A abordagem de ordenação de cartões usada pela AARP é ainda outro mecanismo para comunicar-se com os clientes.

8. **Deixe tempo para discussão.** Na cocriação, a discussão é mais importante do que as escolhas efetivas do cliente. Algumas vezes, filmamos suas expressões e aí podemos notar quando fazem uma escolha na qual não acreditam de fato. São áreas de dissonância que também costumam ser reveladas através de perguntas de esclarecimento. Responder perguntas com perguntas (cabíveis) é outra boa técnica. Se o cliente pergunta "Como será tratada a questão da privacidade?" a melhor resposta é: "Como você recomendaria que fosse tratada?"

   Ao examinarem e ordenarem os cartões, os usuários da AARP descreveram como e quando eles usariam cada elemento. Por volta da vigésima entrevista em cinco dias, os padrões estavam se tornando claros para a equipe da AARP. Vários temas básicos surgiram, incluindo:

   - Uma necessidade clara de um vocabulário financeiro para comunicação entre pessoas com finanças compartilhadas (por exemplo, pais e seus filhos adultos)
   - Uma desconfiança quanto a qualquer ferramenta de autoajuda que incluísse ofertas de vendas
   - Uma forte (e surpreendente) confiança na autoridade técnica e institucional (de novo, como nada estava sendo vendido e a confiança era em grande parte devido ao status sem fins lucrativos da AARP)

9. **Ofereça feedback oportuno.** Os clientes não se importam se o protótipo é de baixa fidelidade ou se a ideia é embrionária e semipronta, mas eles querem saber se você usou suas opiniões para aprimorá-lo. Diga-lhes, portanto, o que fez com suas informações. Isso é parte do contrato de cocriação.

Apesar de seus méritos, cocriação é um termo que pode parecer estranho e até mesmo perturbador para líderes seniores. Assim chame-a de "ouvir a voz do cliente". Em sessões recentes de cocriação, a Siemens experimentou-a com um simples *storyboard* como parte de uma nova oferta, usando balões de conversa em branco nos principais painéis. Os clientes em perspectiva escreveram comentários nos balões para mostrar onde estavam satisfeitos, confusos ou frustrados. Quando, de volta ao escritório, a equipe compartilhou suas descobertas, a gerência sênior meditou sobre o feedback dos clientes como se fosse uma revelação. Esses comentários iniciais configuraram diretamente a oferta, lançada meses mais tarde.

Pequenas vitórias deste tipo lhe darão permissão para explorações mais amplas. Você será capaz de conduzir cocriação em plena luz do dia. Os líderes seniores começarão a perguntar: "Como os clientes reagiram ao protótipo?" Com o tempo, você empregará cocriação com o cliente em todo projeto de crescimento, como a melhor forma de compreender **O que** *funciona*.

Tente fazê-lo em casa

Considere um processo que esteja principalmente dentro do seu controle: como você conduz avaliações anuais com seus principais subordinados. Vamos tentar um experimento no qual você inscreve seu principal subordinado (vamos chamá-la de Ellen) para cocriar o processo da sua revisão anual.

1. Encontre um quadro branco disponível (ou um cavalete com álbum seriado) e crie um *storyboard* de cinco painéis. Desenhe o mais simples que puder.
    - Painel 1: Supervisor com um balão de pensamento: "É hora da revisão anual da Ellen. Ela é realmente importante para mim e tem um grande potencial. Merece meu melhor empenho".
    - Painel 2: Ellen, lendo um e-mail com o balão de pensamento:
        - Versão 1: "Deixe-me fazer uma síntese dos trabalhos que realizei, e do que alcancei, para ajudar meu supervisor a colher informações."
        - Versão 2: "Meu supervisor me fornecerá uma lista dos meus principais projetos que estarão sob consideração"
        - Versão 3: "Vou submeter uma lista de pessoas que devem oferecer informações para a minha avaliação."
        - Versão 4: Outros (espaço para o subordinado preencher)
    - Panel 3: Supervisor gathering data from key people
        - Versão 1: Dados detalhados de três pessoas
        - Versão 2: Dados de alto nível de seis pessoas

- Painel 4: Reexame do feedback
    - Versão 1: Uma única reunião com feedback por escrito e uma discussão
    - Versão 2: Feedback escrito primeiro, depois a reunião
    - Versão 3: Duas reuniões, uma para feedback e outra para planejamento futuro
- Painel 5: Ellen refletindo sobre o processo de avaliação cinco anos à frente, com um balão de pensamento sobre o que isso significou para ela: "Hmm, eu lembro daquela avaliação. Realmente me ensinou _____".

2. Convidar Ellen para discutir o *storyboard* com você. Pergunte quais as alternativas que a agradam. O que lhe agrada nelas? O que está faltando?

3. Siga as regras básicas da cocriação: observe e ouça em primeiro lugar, para aprender o máximo possível sem ser muito direto. Alterne para perguntas diretas e discussão durante os últimos dez minutos.

4. Reflita sobre o que você aprendeu. O *storyboard* ajudou Ellen a lhe dar novos insights sobre o processo? Você compreende o processo de avaliação anual de forma diferente de como você compreendia antes da sessão de cocriação?

CAPÍTULO 12
LANÇAMENTO DA APRENDIZAGEM

O lançamento da aprendizagem é um experimento conduzido no mercado, de forma rápida e barata, fazendo a ponte entre a cocriação com o cliente e o lançamento comercial. De fato, pense no lançamento da aprendizagem como uma cocriação em 4D com o cliente, incorporando ambas as dimensões física e *temporal*. Em contraste com o lançamento de um produto completamente novo, o sucesso do lançamento da aprendizagem não tem a ver com o quanto você vende, mas com o quanto você *aprende*. O objetivo do lançamento é testar as premissas básicas restantes sobre a razão pela qual essa é uma ideia de negócio atrativa (que você trouxe à tona durante O que surpreende e já submeteu a experimentos mentais, conforme o caso). É o próximo nível de teste de premissas, mas em vez de experimentos mentais, você está investindo em experimentos ao vivo com clientes reais, usando o guia de aprendizagem para mantê-lo no caminho.

Quando usá-lo: Use o lançamento da aprendizagem quando estiver pronto para solicitar aos clientes para arriscarem alguma quantia no jogo. Limitar-se a perguntar o que eles acham, embora seja útil para *desenvolver* um novo conceito, não é o melhor meio de testá-lo. O verdadeiro teste de conceito inclui clientes demonstrando seu entusiasmo mediante *um comportamento manifesto*, idealmente por um período longo de tempo. Eles valorizam o conceito? Eles o utilizam conforme disseram que fariam? De preferência, o comportamento deles compreende uma disposição para comparecer com dinheiro vivo. Você precisa das respostas para aquelas perguntas antes de se comprometer com a elaboração de uma nova oferta.

Por que o lançamento da aprendizagem diminui os riscos do seu projeto de crescimento? Uma particularidade do *design thinking* é sua capacidade de contornar a cultura do debate e ajudar gerentes a aprenderem mediante a prática no mercado. Conforme anteriormente discutido, há algumas limitações sérias em usar dados históricos para prever o desempenho das ofertas no mercado. A partir de determinado ponto, realmente *aumentamos* nosso risco ao focar em análise em vez de experimentar. Nosso investimento tanto financeiro quanto emocional cresce cada vez mais, tornando provável que nos apaixonemos pelo novo conceito e desconsideremos os dados que nos mostram as falhas do nosso "bem amado". "Case-se às pressas e arrependa-se depois" também se aplica aos negócios. Daí você precisar compreender em que realidade suas apostas se baseiam. Isto requer considerar as premissas que surgiram durante o teste de premissas e descobrir os dados que necessitará para testá-las realmente e onde obterá esses dados.

Os lançamentos da aprendizagem começam após a cocriação e antes dos projetos-piloto. Diferentemente de uma sessão de cocriação, os lançamentos da aprendizagem precisam parecer reais tanto para quem lança quanto para clientes. E diferentemente de um projeto- piloto, o lançamento da aprendizagem precisa estar firmemente delimitado durante a execução, mas aberto às principais mudanças no final. Os projetos-pilotos costumam se concentrar no aprimoramento antes do lançamento comercial e raramente levam a mudanças substanciais ou ao adiamento da consideração do projeto. Os gerentes que conduzem lançamentos da aprendizagem não gostam de pensar em si mesmos como condutores de experimentos querem iniciar um novo negócio bem-sucedido! Entretanto, existe uma linha tênue entre ter uma paixão por guiar um negócio incipiente através dos obstáculos interpostos por organizações e parcerias em seu caminho e ignorar dados relevantes sobre seus pontos fracos.

Os professores da Escola de Design de Stanford aconselham aos aspirantes a designers para "tratarem seus protótipos como se fossem corretos e suas premissas como se fossem erradas". Gostamos daquele conselho. Um lançamento da aprendizagem tenta encontrar a linha entre as duas abordagens e caminhar por ela.

Dando a partida

Fazer o design do lançamento em si é fácil e direto. Primeiro você precisa de um protótipo funcional. Tempo para passar de 3D para 4D (que é apenas uma experiência em 3D que persiste ao longo do tempo). Para ilustrar os segredos de um lançamento da aprendizagem bem-sucedido, vamos partir de onde paramos com a Brivo Systems, a firma de software para *e-commerce*.

No final de outubro de 2000, Mark Stein e seus colegas da Brivo alcançaram dois marcos importantes com o conceito do Oscar, a Caixa Inteligente: tinham finalizado um aplicativo para gerenciar entregas de *e-commerce*, e havia um design que podia ser expandido para uma caixa de correio inteligente para receber entregas. Aqui está o que Mark nos disse:

"Sabíamos que tínhamos que atrair parcerias com grandes fabricantes, como Maytag ou Whirlpool, para assumir a execução do dispositivo, se era para conseguir menos de US$ 300 de despesas com o produto. Naquela época, acho que as unidades experimentais do Oscar tiveram um custo de fabricação aproximado de mil dólares. Focamos nossa visão no período de férias de 2.000 como a época perfeita para testar se o sistema realmente funcionava. Então, criamos um teste de mercado chamado Brivo 100."

O Brivo 100 foi orientado pelos objetivos de aprendizagem de Mark. Se ele tivesse usado um guia de aprendizagem formal, conforme recomendamos, poderia ter sido algo parecido com o seguinte:

Exemplo do Guia de Aprendizagem para a Brivo Systems*

1. Intenção Estratégica

Possibilitar o último quilômetro do *e-commerce* através de um software baseado na internet que (a) coordena entrega domiciliar de encomendas por e-commerce e (b) oferece um circuito fechado de informações para todas as partes envolvidas na transação.

2. Premissas Básicas Restantes a Serem Testadas

Para esse conceito de negócio ser bem-sucedido, as seguintes premissas básicas devem ser verdadeiras:

1. **Valor claro para o consumidor:** Os consumidores apreciarão a conveniência de uma opção de entregas autônomas e estarão dispostos a pagar uma taxa regular de (US$ 15 a US$ 20).
2. **Estética aceitável:** Os consumidores avaliarão como aceitável a estética do dispositivo para recebimento de entregas (a unidade Oscar) em sua casa.
3. **Aceitação das transportadoras:** Todas as grandes transportadoras (USPS, FedEx, UPS) estarão dispostas de realizar entregas para uma unidade Oscar.
4. **Parceria de fabricação:** um fabricante de marca conhecida estará disposto a fabricar, comercializar e distribuir as unidades Oscar.
5. **Segurança e resistência:** As unidades Oscar são seguras e podem suportar as intempéries.
6. **Custo da unidade inferior a US$ 300:** As unidades Oscar podem ser fabricadas em escala, por menos de US$ 300 dólares.

3. Planejamento do Teste no Mercado

As premissas não testadas a serem exploradas durante o lançamento da aprendizagem incluem:

Premissas não Testadas	Medida do Sucesso do Lançamento da Aprendizagem
1. Valor claro para o consumidor	Consumidores fazem pelo menos seis transações durante os 40 dias do período de teste
	Pesquisa pós-teste mostra que mais de 90% preferem o Oscar a deslocamentos até a UPS etc.
	Pesquisa pós-teste mostra que mais de 50% estariam dispostos a comprar
2. Estética aceitável	Pesquisa pós-teste mostra que mais de 67% consideram a estética aceitável

Premissas não Testadas	Medida do Sucesso do Lançamento da Aprendizagem
3. Aceitação das transportadoras	>Taxa de sucesso da transação superior a 95% (obs.: "fracasso" inclui entregadores ignorando o Oscar quando os clientes estão em casa
4. Segurança e resistência	<Menos de 5% de incidência de vandalismo ou problemas devido ao tempo

4. Quantia a ser Despendida

O lançamento da aprendizagem da Brivo necessitará dos seguintes recursos financeiros:

- Foco de tempo praticamente integral de 10 pessoas por 7 semanas, com uma taxa de consumo de US$ 16 mil por semana, para um total de US$ 105 mil
- Despesas reembolsáveis para alugar caminhões, incentivos a clientes etc., de US$ 22 mil
- Capital financeiro total a ser gasto = US$ 127 mil

*Todas as afirmativas, números e referências temporais deste documento são suposições dos autores e não refletem o guia de aprendizagem real usado pela Brivo Systems

---

Mark Stein e seus investidores de risco estavam certos de que o teste das premissas básicas valeria a quantia investida, mesmo se as conclusões fossem desestimulantes e lançassem dúvidas quanto à viabilidade do conceito de negócio.

O seu próprio guia de aprendizagem deve seguir o mesmo formato de quatro seções. O lançamento da aprendizagem, então, é simplesmente um experimento de mercado que aplica os recursos da seção quatro da forma mais eficiente para testar as premissas da seção três. Com um guia de aprendizagem sólido como base, os recursos da gestão de projetos que você já possui o conduzirão a um lançamento da aprendizagem bem-sucedido, acompanhados dos seguintes princípios de sucesso:

1. **Estabeleça limites estritos.** Uma vez que se trata de um lançamento da aprendizagem e não um projeto-piloto é importante planejar seu encerramento. Estabeleça limites concretos nas principais variáveis, como tempo, geografia, número de clientes, características, e empresas parceiras. Qual a duração ideal? Brivo colocou um objetivo claro: colocar 100 unidades experimentais do Oscar na área de Washington D.C., no mês de dezembro.

As delimitações da Brivo estavam claras, e ela conduziu o lançamento da aprendizagem por 40 dias. Está bom para uma *startup*, mas e quanto a uma grande corporação? Um protocolo interessante é o de restringir um lançamento da aprendizagem a 100 dias. Isto condiz melhor com nosso condicionamento humano: conseguimos permanecer focados por um determinado período (tal como um semestre escolar), e, aí então, precisamos desviar a vista, fazer um intervalo, refletir sobre o que aprendemos, e nos fortalecer para outra investida. O McDonald's se refere a esse tempo como 100 dias de estouros. Se está pensando que a única coisa que sua organização é capaz de fazer em 100 dias é formar um comitê e criar muitos slides em PowerPoint, bem-vindo ao clube. Mas não é possível agir desse modo e esperar vencer no tipo de inovação que estamos falando. O ponto aqui é de pequenas apostas rápidas. Lem Lasher, o chefe do escritório de inovações da CSC, nos disse:

> *"Os projetos de maior impacto na CSC envolvem uma meta ambiciosa, um patrocinador de alto nível, orçamentos modestos, e cronogramas apertados. Estas são as melhores condições para solucionar algo difícil."*

Entretanto, se você opta por restringir o lançamento da aprendizagem, é preciso que o coloque por escrito. (Contratos formais também podem ser necessários para contemplar questões de confidencialidade.) Seja um acordo por escrito ou não, as expectativas dos clientes precisam estar muito claras ou você terá um "desastre bem-sucedido" nas mãos, como os clientes infelizes que não compreendem por que você está levando embora suas Caixas Inteligentes Oscar.

2. **Faça o design com um foco nítido nas premissas básicas.** Reexamine as premissas básicas identificadas e liste as que ainda não foram testadas. Dentre essas, escolha quais podem ser testadas através do lançamento da aprendizagem. Mark Stein definiu os objetivos de aprendizagem do Brivo 100 da seguinte forma:

> *"O dispositivo e o serviço eram gratuitos, mas informamos a todos os usuários o preço esperado no varejo de modo que pudéssemos ter feedback deles ao final do teste. Demos a eles alguns cartões de presente da Amazon.com para eles começarem, talvez da ordem de 50 dólares. Nossos objetivos eram algo do tipo seis transações por unidade e uma taxa de 95% de sucesso. Uma falha poderia ser atribuída ao dispositivo, ao software, ao entregador que não encontrava a unidade Oscar, ou outra coisa qualquer."*

Outra premissa básica que ele menciona que eles precisarão atingir um custo unitário inferior a 300 dólares para o hardware do Oscar *não* fazia parte do alcance do lançamento da aprendizagem deles. Ao fazer planos para testar as premissas básicas, assegure-se de:

- Providenciar para que o protótipo reflita as principais premissas que você precisa testar.t

- Traduzir as premissas que você planeja testar em **medidas específicas**. A Brivo estabelece uma medida para o número de transações por unidade e a taxa de sucesso das transações, por exemplo.

- Seja explícito sobre como você irá **gerar os dados** necessários, especialmente dados comportamentais. A Brivo foi capaz de registrar com que frequência as pessoas acessavam suas contas da Brivo e usou isso como um sinal do interesse dos clientes por informações relativas a suas compras online.

- Seja explícito sobre a busca por **dados invalidantes**. Os budistas têm um ditado: "Quando um batedor de carteira vê um santo, a única coisa que ele vê são seus bolsos". Precisamos de uma visão mais ampla para que o lançamento da aprendizagem seja bem-sucedido. Dados invalidantes são observações que refutam suas hipóteses. Conforme dissemos, eles são mais valiosos para descobrir e os mais fáceis de se perder. Embora ele não tenha usado o guia de aprendizagem no formato apresentado por nós acima, Mark Stein manteve ativa uma lista de "bandeiras vermelhas" de alerta, que incluía cada uma das questões observadas anteriormente. Uma delas em particular ameaçava a capacidade da Brivo para fornecer dados em circuito fechado para cada transação de frete: Os transportadores irão ignorar a caixa inteligente se o cliente estiver em casa?" Essa preocupação se mostrou infundada. Dados do Brivo 100 provaram de forma conclusiva que os transportadores sempre preferiam o Oscar já que ele os ajudava a finalizar as rotas com maior rapidez.

- Compatibilize o orçamento com o cálculo de uma **perda aceitável**. Compare o orçamento do lançamento da aprendizagem às premissas básicas que você irá testar: Vale a pena testá-las com o orçamento disponível? Em caso afirmativo, isso beira o limiar do que chamamos de *perda aceitável*. Isto é, mesmo que você abandone o projeto após o lançamento da aprendizagem, valeu a pena para saber se as premissas eram verdadeiras. Se o custo não valeu a pena, refaça o design do lançamento da aprendizagem para ficar mais acessível.

3. **Monte uma equipe que seja ao mesmo tempo disciplinada e adaptável.** Assim como o resto das atividades de inovação a que nos referimos neste livro, um lançamento da aprendizagem é um esporte coletivo. E a composição do time faz toda a diferença. Sim, você quer ferrenhos defensores do crescimento e da inovação no grupo. Mas ter alguns céticos por perto garantirá que você não esteja projetando um teste que lhe dê as respostas que deseja. Alguém com perspectiva financeira é valioso e recursos da gestão de projetos são essenciais. Por direto ou óbvio que pareça, um lançamento da aprendizagem pode ser diabolicamente difícil de ser entendido para gerentes formados na escola tradicional. Encontre alguém que já tenha passado pela experiência antes, e leve essa pessoa para a equipe. Mark Stein comentou a coesão do grupo Brivo:

> *"O Brivo 100 foi provavelmente minha época favorita na história da companhia. Todos estavam focados em um único objetivo. Geralmente tem muito de 'dividir para conquistar', cabeças baixas, mesmo em uma startup. E com certeza tivemos todo tipo de problema que você possa imaginar. Lembro-me de que, quando estávamos instalando as unidades nas casas dos clientes, não dispúnhamos de um grande grupo de operações externas, talvez quatro pessoas, então criamos folhas de adesão para voluntários fazerem uma operação de instalação. Todos, na companhia, fizeram, ao menos, uma instalação."*

4. **Trabalhe com ciclos rápidos de feedback.** O lançamento da aprendizagem é o momento em que seu projeto de crescimento faz um primeiro contato com a realidade. Espere por surpresas e esteja preparado para reagir rapidamente. Para grandes empreitadas, uma reunião de checagem semanal é o mecanismo correto para feedback. Na Brivo, os problemas eram muitos e os circuitos de feedback eram apertados:

> *"Nas duas primeiras semanas de dezembro, tínhamos reuniões diárias de checagem por volta das 21h30. Basicamente toda a empresa estava lá, e ninguém reclamava do horário do trabalho. Era mais parecido com 'Ei, posso ajudar?' Houve sérios problemas com o ajuste do dispositivo do Oscar para que pudesse ser remoto e confiável – lembre, era 2000 – e proteger o cérebro do Oscar, uma placa de circuitos conectada a um rádio Blackberry, da ação da água. Durante a primeira semana queimamos alguns cérebros até descobrir uma modificação para manter a água longe das partes eletrônicas. Então nosso grupo de operações externas teve que voltar a cada um dos Oscars e fazer a cirurgia cerebral. Estávamos todos ansiosos e nervosos."*

De forma clara, tendo um processo para lidar com divergências, solucionar conflitos de modo construtivo e adaptar o voo é um grande recurso para um lançamento da aprendizagem.

5. **Faça parecer real.** Um lançamento da aprendizagem bem-sucedido deve fazer com que seja fácil para todos os participantes acabarem com suas descrenças. Precisa ser real para clientes, parceiros, e sua equipe interna. Todos têm um interesse em jogo. Se parecer um brincadeira ou um faz de conta, então os dados comportamentais gerados serão suspeitos. Todo aquele foco em manter as coisas muito requintadas? Já era. Os materiais de apoio devem parecer com o lançamento da Apple apresentando um novo iTreco. Toda aquela conversa sobre testar múltiplas opções? Já era. O lançamento da aprendizagem afirma: "Aqui estão as características que vocês precisam. Ponto". Quando o Brivo 100 entrou em ação, a plataforma trabalhava para todos os vendedores online e todos os agentes

de entrega: UPS, U.S. Postal Service, e FedEx. O preço também deve ser real. Se você tiver de abandonar o produto ou serviço neste ponto, como a Brivo fez, pelo menos diga aos clientes o preço e peça-lhes feedback.

6. **Tenha um plano B para tudo.** Conforme Mark Stein observou: "Tivemos todo o tipo de problema que você possa imaginar". A questão é: o que você faz a respeito? Ele e sua equipe criaram "cérebros" (o módulo eletrônico) de reserva para o Oscar para substituir os que queimavam pela exposição à água. Eles treinaram equipes de instalação de sobra para lidar com o crescimento das demandas de instalação. E eles deram cupons da Amazon.com para qualquer cliente que tivesse problemas com a entrega.

A Importância das vias de acesso

O lançamento da aprendizagem vai longe para simular como a solução irá operar realmente em escala, mas muitas vezes é negligenciada a forma como você vai obter a escala. Ou seja, como é que os clientes sabem sobre a oferta, testam-na, tornam-se usuários, e convencem outros? Pensamos nisso como uma via de acesso. Recentemente, a Starbucks começou a oferecer aos clientes no café da manhã cupons de US$ 2 para qualquer bebida gelada após as 14 horas. O cupom pode ser considerado uma via de acesso para uma nova experiência da Starbucks: a bebida gelada à tarde. A via de acesso mais ousada foi usada pela OnStar, que fornece o hardware e os serviços grátis por um ano.

Lembra-se da Loja de Premiações da Siemens para lidar com os pedidos de reparos "ad hoc" para os clientes? O sucesso daquele conceito foi baseado em uma premissa básica: que os técnicos de serviços adeririam voluntariamente ao programa de premiações. Só então eles poderiam de fato fornecer os serviços de reparos para os clientes. Como, então a empresa motivou os técnicos de serviços a se inscreverem como voluntários (ou seja, qual foi sua *via de acesso*)? A Siemens enviou anúncios sobre o novo programa para o endereço residencial de cada técnico, com as recompensas claramente expostas. Dessa forma, a esposa veria o programa e perguntaria: "Ei, você se inscreveu nisto? Parece ótimo!" O resultado? Mais de 50% dos técnicos de serviços se inscreveram no programa durante os 100 primeiros dias, e a satisfação dos clientes voltou a atingir níveis históricos.

Os lançamentos da aprendizagem devem testar sua estratégia de via de acesso, se possível. Se você deixar para o pessoal do marketing descobri-la mais tarde, estará pondo o destino do seu novo projeto de crescimento nas mãos (sobrecarregadas, carentes de recursos) deles. Se ao menos ganhássemos um dólar por gerente que ouvíssemos dizer: "Os clientes que usam, adoram", estaríamos ricos. Isto significa que muitos clientes em potencial nunca tiveram uma via de acesso para tomar consciência, compreender, considerar, testar, comprar, usar, usar habitualmente, e por fim defender. Tais defensores são os que criam o ponto da virada para novos serviços e produtos de sucesso. A Starbucks pensa assim, e você deve, também.

Tecnologias Sociais e Lançamentos da Aprendizagem

Os lançamentos da aprendizagem se tornaram mais fáceis nos últimos três anos por contarem com um novo aliado poderoso: as tecnologias sociais. Conforme as equipes de crescimento começaram a incluir mais e mais digitais natos (trabalhadores com menos de 35 anos), o campo de jogo começa a refletir suas escolhas de ferramentas. Onde antes contávamos com a colaboração entre equipes de 12 ou menos, a previsão do Google do mercado de software está possibilitando a colaboração entre doze mil, e o Twitter está possibilitando conversas entre talvez milhões de pessoas.

A espinha dorsal das tecnologias sociais é formada pela web 2.0, que Forrester Research assim define:

> *"A web 2.0 é um conjunto de tecnologias e aplicativos que possibilitam uma interação eficiente entre as pessoas, conteúdos, e dados para apoiar coletivamente a promoção de novos negócios, de ofertas de tecnologia e de estruturas sociais."*[1]

Observe que não estamos falando sobre os sistemas de gestão de ideias que se tornou popular na última década. Ideias geralmente não são o problema da inovação. Quando a IBM viu a Cisco começar a dominar o mercado de roteadores e a Nuance surgir como a líder em software de reconhecimento de voz, ela não disse: "Por que não pensamos nisso?" A IBM já havia pensado em ambos os conceitos (de fato, a IBM os desenvolveu primeiro). Apenas faltou trabalhar neles como oportunidades de crescimento.

Os tipos de falha que impedem a IBM e outras de capitalizar sobre suas ideias promissoras incluem:

1. Falha em conectar o conceito com uma necessidade não atendida do cliente
2. Falha em priorizá-lo em meio a um mar de ideias e prioridades
3. Falha em construir um protótipo ou em visualizá-lo para que os outros a compreendam
4. Falha em conseguir envolver clientes reais ao desenvolvê-lo

As tecnologias sociais voltadas para esses tipos de falha incluem mercados preditivos e redes sociais tais como Communispace, LinkedIn, Twitter, Facebook e blogs e wikis. Como rotina, a Hallmark explora novos conceitos dentro de uma comunidade online, bem no sentido contrário do teste de mercado formal. Em 2004, a Kraft Foods usou as tecnologias sociais para promover um diálogo sobre comidas industrializadas e dietas. Os consumidores disseram à Kraft que preferiam pensar a respeito dos riscos, não em alimentos diet. Isto levou a uma discussão sobre riscos e benefícios controlados por porções, e daí nasceu o conceito de Pacotes de 100 Calorias um grande sucesso da Kraft, completamente baseado em aprendizado fundamentado em tecnologias sociais.2

No campo dos mercados preditivos, empresas de crescimento acelerado como a Crowdcast e a Inklink melhoram as previsões criando opinião pública. Entretanto, os métodos que utilizam têm se mostrado igualmente eficientes em deixar as pessoas se comprometerem com conceitos incipientes e configurá-los em novas plataformas de crescimento sólidas.

De modo generalizado, as tecnologias sociais estão fundamentalmente mudando a forma de interagirmos com colegas e clientes (sem falar de amigos e estranhos). Considere como a AARP usou uma rede social privada para desenvolver o conceito de Visualização do Planejamento de Vida na oferta que veio a se tornar sua comunidade premiada LifeTuner:

> Baseado no que Diane e sua equipe aprenderam durante as sessões de cocriação com cartões ordenados, AARP desenvolveu um protótipo virtual funcional do esboço de guardanapo para o conceito de Visualização do Planejamento de Vida. Mas eles não tinham encerrado a cocriação. A próxima coisa que fizeram foi organizar uma comunidade online privada de 400 jovens adultos como uma comunidade na rede social Communispace:
>
> *"A comunidade on-line foi projetada para nos oferecer, de fato, a capacidade de testar e aprender nosso caminho no processo e repetir em torno do design dos nossos protótipos. Basicamente criamos com eles um grupo de discussão ininterrupto, colocando quatro a cinco atividades ou pesquisas, discussões, brainstormings em frente deles, a cada semana, por pouco mais de um ano, até o ponto em que sentimos que eram cocriadores de todo o nosso processo de desenvolvimento do produto. E chegamos ao ponto em que não queríamos fazer nada até sabermos da repercussão junto a eles.*
>
> *Fornecemos a eles um link para um protótipo que estava em nosso site de teste (fase pós-desenvolvimento e pré-produção) para que dessem uma olhada e obter informações sobre o design, a interação com o usuário. Colocamos os wireframes [guias visuais] e imagens de tela em todos os diferentes níveis de finalização em frente aos jovens, dizendo basicamente 'Clique aqui, veja isto*

e diga-nos o que acha' esse tipo de coisa. Mostramos a eles a casa conforme ia sendo construída, em todos os diferentes estágios, para obter feedback.

Estávamos fazendo sondagens em torno da marca da AARP, e um dos usuários simplesmente assumiu aquela discussão, dizendo: 'O que eu quero mesmo da AARP é um modo de me conectar com seus membros. Eles possuem experiências que poderiam realmente nos ajudar, e eu quero conversar com gente mais velha sem ser necessariamente os meus pais'. Muitos dos outros participantes da Communispace entraram na conversa e disseram 'Ótima ideia!' Ficamos realmente surpresos – eles queriam, de fato, uma forma de se conectar com mentores. Aquilo levou a um elemento do site chamado 'estivemos lá' e o compartilhamento dessas histórias, 'estivemos lá, fizemos aquilo'. A ideia é absolutamente uma marca e muito exclusiva da AARP."

really surprised—they really wanted a way to connect with mentors. That led to a feature on the site called 'been there' and the sharing of these stories, 'been there, done that.' The idea is absolutely spot on and very unique to AARP."

Ambientes digitais como o Communispace oferecem grandes oportunidades para cocriação virtual. De fato, o potencial da rede social para cocriação e lançamentos da aprendizagem apenas começou a ser explorado. Você pode aprender com clientes alvo que talvez nunca venha a conhecer!

LANÇAMENTO DA APRENDIZAGEM PARA O PAVLOV DA PFIZER

Pense no Capítulo 2, lá atrás, onde falamos sobre os esforços da Assistência à Saúde do Cliente da Pfizer para revigorar a marca Nicorette, concebendo um serviço antitabagista mais abrangente. Desenvolvido sob o codinome Pavlov, o serviço começou entrando em contato com clientes reais durante um lançamento da aprendizagem na Noruega, no início de 2006. Naturalmente, Lauri Kien Kotcher, a vice-presidente sênior de marketing global, e outros executivos da Pfizer queriam ver como o sistema de entrega funcionava, e queriam saber se os fumantes seriam mais bem-sucedidos nas suas tentativas de parar de fumar.

Eles também tinham metas de aprendizagem para sua estratégia de canais. O Pavlov seria vendido nas prateleiras das farmácias, como o Nicorette? Ou as vendas teriam mais sucesso se intermediadas por patrões, que aguentavam o peso do seguro saúde devido a empregados fumantes? A opção final era online, um canal relativamente desconhecido para a Pfizer naquela época. Durante os testes na Noruega, a Pfizer testou os três canais e descobriu que a grande maioria das vendas ocorreu online. Esta foi talvez a única e mais valiosa descoberta do lançamento da aprendizagem.

Transição Escala Acima

Em última análise, o lançamento da aprendizagem precisa resultar em *decisões*. Se você testou as premissas básicas, também deve ser capaz de tomar decisões concretas sobre se e como seguir adiante com o projeto de crescimento. Se você decidir não prosseguir, pense em "adiar" e não em "matar". É bem provável que, se um conceito é forte o suficiente para chegar ao estágio do lançamento da aprendizagem, os problemas podem ser temporários. Os tempos mudam, assim como as tecnologias disponíveis, a prontidão dos clientes e assim por diante.

Se você decidir seguir adiante com investimentos de desenvolvimento adicionais, o lançamento da aprendizagem deve informar que características serão melhoradas, em que segmentos de clientes focar, e incontáveis outros aspectos de um processo típico de desenvolvimento de um produto novo. De fato, um resultado do lançamento da aprendizagem poderia ser que o projeto passe para uma fase de desenvolvimento tradicional. O que significa que o *design thinking* cumpriu sua tarefa. Seguindo o processo do *design thinking*, nós diminuímos os riscos do projeto:

- Explorando realidades vigentes e configurando um desafio (**O que *é***)
- Gerando novas possibilidades de crescimento (**E *se***)
- Testando premissas e aprimorando e fazendo a prototipagem do conceito (**O que *surpreende***)
- Conquistando clientes para transformá-lo em algo que possamos executar (**O que *funciona***)

Ainda havia um trabalho de desenvolvimento de fato a ser feito pela Brivo antes que ela pudesse comercializar a solução para último quilômetro do *e-commerce*, mas a natureza dos riscos mudou significativamente após o lançamento da aprendizagem do Brivo 100. Conforme Mark Stein nos contou:

> "Se eu pensar sobre o que aprendemos naquele período de 40 dias – uau! Fez muito pela companhia. Ajudou-nos a fechar uma rodada B (do financiamento de um empreendimento de risco) e obter uma parceria de fabricação. E nos ensinou muito sobre nosso software, nossa equipe, clientes e parceiros."

A Brivo estava pronta para mudar do modo exploração (lidando com desconhecidos desconhecidos) para o modo solução de problemas (lidando com desconhecidos conhecidos). A equipe LifeTuner de Diane Ty estava pronta para uma mudança semelhante depois das interações ao longo de um ano, dentro da comunidade de clientes da Communispace.

Então isto é o que o sucesso na etapa **O que *funciona*** parece:

Reduzir desconhecidos a uma lista distinta de desafios que você acredita poder solucionar, recorrendo aos processos existentes na empresa.

SEÇÃO VI:
Liderando crescimento e inovação
na sua organização

Ao concluirmos nossa jornada de design com um olhar sobre como aplicar o que você aprendeu à sua organização, apresentamos mais uma gerente que se tornou pensadora de design. Jacqui Jordan, apesar de nascida nos confins da Austrália, parece muito com os outros gerentes que conhecemos. Formada nos moldes da abordagem tradicional aos negócios, Jacqui estava à frente, há dez anos, do grupo estratégico na unidade de Business Banking da Suncorp, uma das maiores seguradoras da Austrália, quando descobriu o design. Não tinha como voltar atrás:

> *"Pessoas de verdade em organizações de verdade podem, de fato, fazê-lo! E uma vez entendido o conceito, você se sente completamente compelido a agir de acordo. Sua forma de trabalhar atual se torna intolerável, e o design parece ser a solução de muitos problemas. No entanto, somente quando se tem coragem suficiente para começar, compreende-se que sua solução brilhante chega com um monte de problemas próprios. O maior desafio na minha própria jornada de design foi reconhecer que está tudo certo com o fato de eu não ter feito uma escola de design, e embora não trabalhe para a IDEO ou para o Google, eu posso desenvolver um trabalho de design para mim, no meu contexto. É possível trazer a força do design e da imaginação para as organizações mais tradicionais – mesmo uma companhia de seguros."*

Jacqui agora está encarregada de levar adiante a abordagem por toda a empresa e tem demonstrado capacidade de design para agregar valor a tarefas tão diversas quanto aumentar a fatia de mercado no canal de distribuição de corretagem, melhorando a experiência com reclamações, e até mesmo integrando duas culturas corporativas muito diferentes. Em 2007, quando a Suncorp se fundiu com a Promina, outra grande seguradora australiana, o projeto de design que ajudou a apoiar a integração da fusão chamou a atenção de toda a organização pelos resultados obtidos. O chefe de Jacqui, Mark Miller, descreveu alguns deles:

> *"O mercado australiano para seguro comercial vinha se retraindo em 8% ao ano. Obtivemos 1% de crescimento no Ano 1 e 8% no Ano 2, após a fusão. Estamos conseguindo nota 9 na satisfação do cliente, contra 6 ou 7 anteriormente. Lucros com seguro são muito fortes. Nós temos uma equipe com um bom comprometimento – até 80%, é bem melhor que a média do Towers Perrin Financial Services, e tenho gente que é apaixonada pela empresa. Construímos algo novo juntos que as pessoas realmente acreditam poder nos levar a lugares interessantes."*

Mas Jacqui sabia de outras abordagens de design que não haviam tido finais tão felizes:

> *"Observei equipes trabalhando duro para implementar uma abordagem teórica. As ideias eram ótimas, mas pareciam tão diferentes do nosso modo habitual de trabalho que não conquistaram a confiança da empresa no sentido de tentar a abordagem. A equipe estava buscando causar um grande impacto, buscava grandes problemas e permissão para implementar a metodologia de design de ponta a ponta. Como resultado, eles partiram para a abordagem do 'tudo ou nada' (porque era o que a teoria prescrevia) e, como era de se esperar, 'nada' venceu."*

Começar pequeno e manter pouco destaque, Jacqui descobriu, era a melhor forma de apresentar o design a um ambiente corporativo tradicional:

> *"Tudo bem em começar pequeno. Em vez de imersão total, achei mais fácil e menos perturbador selecionar duas ferramentas de design para aplicar em cada projeto. Ao longo dos dois últimos anos, continuamos a construir nosso kit de ferramentas de design, mas sem ainda tomá-lo como referência abertamente como uma metodologia de design. Acho que isso nos ajudou a evitar resistência e apenas focar no trabalho propriamente dito e deixar que os resultados falassem por nós. Não acho que seja preciso ser ostensivo chamando design thinking de 'design thinking'. No meu contexto isto apenas apavora as pessoas e as deixa nervosas. Uma das melhores coisas que fizemos foi nos manter relativamente quietos sobre a aplicação das ferramentas de design: apenas as integramos gradualmente aos nossos processos estratégicos existentes e continuamos a aprimorar e incorporar o que dava certo."*

Focar nos resultados da empresa também era essencial, ela acreditava:

> *"Você conhece aquela expressão sobre o senso comum não ser tão comum? Daí por que ligar design a crescimento é tão óbvio e ainda assim tão necessário. Acho que as pessoas realmente precisam gritar isso especificamente e apoiá-lo com bons exemplos práticos, demonstrando a relação entre metodologia de design e resultados palpáveis da empresa. Acho que esta questão é uma das principais razões da luta do design nas grandes corporações: Ele é visto como sendo pró-cliente, pró-funcionários, mas não pró-lucros!"*

Métodos Diferentes, Resultados Diferentes?

Nas páginas anteriores, conhecemos uma porção de pensadores de design e equipes de projeto de design, e você deu uma olhada nos seus métodos. Conforme vimos no Capítulo I, o design thinking não é um substituto para o pensamento analítico. É uma forma distintamente diferente de abordar um problema de crescimento um modo diferente de conhecer. Mas ele produz resultados melhores?

Jacqui Jordan da Suncorp é uma defensora do *design thinking* por razões além das filosóficas. Ela começou pequeno e ganhou impulso ao integrar o *design thinking* aos processos existentes e oferecendo resultados em que a organização acredita tais como crescimento da receita em um mercado em retração e ganhos de mercado significativos em um canal de corretagem com concorrência acirrada.

E quanto aos outros pensadores de design que encontramos?

Diane Ty e sua equipe na AARP estão colhendo os louros desse evento tão raro uma excelente ideia nova que vingou! O site da LifeTuner foi lançado em 27 de outubro de 2009. No primeiro mês, o acesso no site excedeu as metas previstas para o sétimo mês. Em menos de seis semanas, o site alcançou a classificação 5 do Google devido à qualidade de seus links. A nova marca atinge 97% da escala de acordo com as medidas de influência social, e a participação da comunidade de especialistas triplicou nos primeiros seis meses, com as perguntas dos usuários respondidas em menos de 24 horas, sempre por mais de um especialista. Em junho de 2010, a LifeTuner ganhou a medalha de ouro na competição de design mais prestigiada do mundo, o prêmio IDEA. A indicação registrou que o projeto fez exatamente o que os projetos de estratégia devem fazer: produzir insights relevantes e usá-los para criar valores tanto para clientes quanto para a organização patrocinadora. Mas para aqueles que compreendem a vida em grandes organizações sólidas, a história é bem mais longa. Conforme a *BusinessWeek* observou: "Mais do que apenas uma oferta surpreendente de uma organização bem conhecida, o LifeTuner mostra que a inovação é possível até mesmo dentro de um grupo cauteloso, preso a tradições, que existe há mais de meio século."[1]

A equipe de *design thinking* da Assistência à Saúde do Cliente da Pfizer também saiu vitoriosa. O projeto antitabagista Pavlov foi lançado em 2007 como o ActiveStop e se tornou um sucesso de mercado em mais de doze países. Ele recuperou o crescimento e o brilho do Nicorette além de ajudar um número maior de fumantes a se tornarem ex-fumantes. Não há disponibilidade de dados mais detalhados por que a Assistência à Saúde do Cliente da Pfizer foi comprada pela Johnson & Johnson em 2008. Parte do valor econômico criado pela equipe do Pavlov está representada no preço da aquisição.

Christi Zuber da Kaiser Pemanente começou sua jornada no *design thinking* em 2003. Ela e seus colegas de consultoria em inovação da Kaiser têm aplicado o *design thinking* a uma gama ampla de desafios da assistência médica, incluindo procedimento de medicações, mudanças de turno na enfermagem, e o design da clínica ambulatorial. Em sete anos, eles construíram confiança e tomaram impulso a partir de uma série de sucessos originados no design centrado no usuário, em protótipos rápidos e com tolerância em relação às falhas rápidas.

Dave Jarrett, o sócio da Crowe Horwath, vive na cultura definitiva do "mostre-me": a contabilidade pública. Mas ele, também, encontrou prova suficiente na abordagem do design thinking para nos dizer que sua empresa tinha "economizado uma fortuna para nós", tudo devido à interrupção da construção de protótipos sofisticados que os clientes não queriam.

Nosso outro contador/consultor, **Mark Stein**, não se saiu tão bem com o Oscar, a caixa de correio inteligente. Após um bem-sucedido lançamento da aprendizagem, Brivo fez uma parceria de fabricação com a Maytag. Mas após um estremecimento na gerência, não ficou ninguém por lá para seguir adiante na negociação, com uma *startup* mínima. Sem um fabricante de renome que tivesse alcance nacional, o modelo de negócio da Brivo especulativo para começar foi queimado.

Cercado por protótipos de Oscars e por prateleiras com "cérebros" de reserva do Oscar, Mark e o então CTO [Principal Executivo de Tecnologia] Steve Van Till descobriram um mercado alternativo surpreendentemente maduro: controle de acesso para prédios comerciais. O software era perfeito, usando a internet para abrir portas prédios. De fato, a Brivo eliminou a necessidade de um grande fabricante, substituindo os prédios existentes pela caixa de correio inteligente.

Dez anos mais tarde, o Sistema de Controle de Acesso da Brivo é uma solução líder de mercado para permitir aos funcionários entrarem e saírem de edifícios comerciais. Recentemente, no entanto, a lembrança do Oscar foi revivida. Steve, agora CEO da Brivo, nos disse:

> *"É engraçado, mas nosso sistema está sendo usado hoje por um dos maiores varejistas para o que eles chamam de 'entrega no escuro' (também conhecida como, entrega autônoma). Isto seria a*

> *evolução final da produção do Oscar, mas com um grande edifício como a caixa e uma plataforma de carga e descarga no lugar da porta."*

Então, apesar do que pareceu ser um lançamento da aprendizagem bem-sucedido em dezembro de 2000, o Oscar nunca entrou em produção comercial. Mas, e isso foi um fracasso? Afirmamos categoricamente que não, porque o único projeto de design que falha é aquele que não testa as hipóteses fundamentais. A razão mais comum pela qual os gerentes não testam suas hipóteses é que eles nem mesmo chegam a ter uma chance para conduzir o experimento. E as razões para isso, em geral, têm mais a ver com o que está acontecendo dentro de suas organizações do que fora delas.

Sabemos que, em muitas organizações, as maiores barreiras ao crescimento e à inovação não se referem a concorrentes, clientes e condições de mercado; elas se devem ao exército interno de questionadores nomeados exercitando seu poder de veto antes mesmo de se ter a chance de tentar.

Não é fácil apresentar uma abordagem de design thinking. Relembre o Capítulo 1 e o duro contraste que delineamos entre as premissas, mentalidades, valores, e práticas por trás da abordagem tradicional do MBA e aqueles por trás da abordagem do designer. Mesmo o amplo reconhecimento da necessidade de novas abordagens não garante uma estrada mais tranquila. Conforme Jacqui explicou:

> *"À medida que as camadas e as dinâmicas dos nossos ambientes de operação se tornam mais complexas e se expandem mais rapidamente, não é surpresa alguma que as metodologias lineares tradicionais de solução de problemas sejam ou muito lentas ou apenas não funcionem. Mas as pessoas não se dão conta de que as soluções para esses grandes problemas complexos e desconfortáveis não parecem tão confortáveis também. Acho que há algo relativo a pessoas associando até a ideia de uma solução como oferta de garantia. Como gestores somos muitas vezes soluções à procura de uma causa – somos tão rápidos com as respostas. O design mexe com as pessoas porque não fingimos saber a resposta, e, assim, muito do nosso interesse é com o problema, e não sua solução."*

Cinco Dicas para Conseguir na Primeira Tentativa

Cada um dos pensadores de design que conhecemos neste livro tiveram uma primeira vez um momento quando, amparados pela confiança no poder do *design thinking*, se aventuraram a aplicá-lo dentro da própria organização. Neste livro, focamos principalmente no processo por eles seguido, mas agora precisamos dizer que nem sempre foi fácil para eles seguir na estrada do *design thinking*, especialmente para aqueles que estavam em organizações grandes e estabelecidas. A boa notícia é que nossos *designs thinkers* passaram adiante muitas recomendações sobre como fazer da estreia do seu *design thinking* um sucesso esmagador:

1. **Considere o seu desafio ("ser *design thinking* ou não ser *design thinking*").** Lembra-se de quando você aprendeu a assobiar pela primeira vez, e era tudo o que você queria fazer? Aquilo deixou todo mundo louco. *Design thinking* pode ser assim. Você encontra um uso para ele em qualquer lugar, mas pode não ser a ferramenta ideal para, digamos, conduzir uma reunião de operações. O *design thinking* não é uma mudança de paradigma, tornando obsoletas todas as outras formas de solucionar problemas. É meramente uma abordagem diferente, otimizada para determinados tipos de problemas. Para decidir se você tem uma boa oportunidade de *design thinking*, pergunte a si mesmo se o problema ou desafio que está encarando tem a ver com:

   - explorar possibilidades desconhecidas (em vez de explorar certezas conhecidas)
   - criar elementos de valor e diferenciação que ainda não existem
   - abrir oportunidades de crescimento em um contexto desconhecido
   - enfrentar problemas complexos que resistiram a outros métodos

   Outro aspecto de escolher o desafio correto é prestar atenção em quem mais se importa com ele, especialmente se você está enfrentando algo grande (preferiríamos que você não estivesse, mas veremos mais sobre isto em um momento). "Você precisa de um patrocínio executivo forte antes de assumir um grande projeto de design", Jacqui Jordan nos disse: "Houve ocasiões em que a única coisa que sustentava tudo era o endosso do Mark. Impossível dizer o quanto isto foi fundamental para o projeto".

   Nossa pesquisa anterior sobre líderes de crescimento bem-sucedidos em organizações sólidas corrobora o ponto de vista de Jacqui.2 Quando questionamos gerentes sobre a extensão em que os sistemas e processos da organização apoiavam suas iniciativas de crescimento, avassaladores 50% nos disseram que suas organizações inibiam com vigor sua capacidade para ampliar a empresa, mas mais de 80% relatou que contavam com patrocínio executivo apoiador. Isto nos sugere ser possível driblar processos e sistemas da empresa e ser bem-sucedido mas não se pode driblar seu chefe!

   Há muitos lados positivos para o interesse no patrocínio executivo. As contribuições que você espera dos gerentes seniores incluem:

- Recursos: tempo, pessoas, orçamento de despesas
- Cobertura para protegê-lo das barreiras organizacionais
- Acesso a colegas influentes
- Acesso a recursos externos
- Permissão para acessar clientes e colaboradores
- Apoio na tomada dinâmica de decisões para quando o projeto precisar de uma mudança de rumo
- Propósito: a noção de que este projeto é muito importante

Obviamente, se você for esperar por um chefe que já adore *design thinking*, talvez leve *muito* tempo. Para começar, você precisa de um chefe com mente aberta, que capte o que você está tentando fazer e compreenda a lógica (não necessariamente as ferramentas e as práticas) que está por trás da abordagem de design. Você nunca sabe onde encontrará tal pessoa, mas fique certa de que eles não se encontram apenas no marketing. Nossos estereótipos muitas vezes são errados. Na Suncorp, um grupo de contadores se transformou em pensador de design entusiasta (após protestarem, dizendo que não poderiam fazer aquele tipo de coisa); Christi Zuber descobriu a mesma coisa com seus clínicos, e assim fez Dave Jarrett com seus atendentes e especialistas em impostos.

Finalmente, é importante escolher um problema que tenha alguma urgência. E então enquadrar seus objetivos em linguagem e medidas (redução de custos, aumento de renda, melhorar a satisfação do cliente) que façam sentido para as pessoas que realmente se importam com a solução do problema.

Se o desafio que você enfrenta vale a pena e se presta a uma abordagem de *design thinking*, e você tem um patrocinador para apoiá-lo, você está pronto. A próxima etapa é o alcance do esforço do *design thinking*: Qual a sua dimensão e que recursos você necessitará para realizá-lo?

2. **Pense pequeno.** Resista ao impulso de exagerar nos seus esforços iniciais de design. Este conselho foi repetido por quase todo gerente bem-sucedido com *design thinking*. Conforme Jacqui indica, muitos dos problemas que os gerentes têm ao buscarem o crescimento orgânico acontecem por causa da má orientação para "pensarem grande". Para todo sucesso espetacular, há muitos fracassos dolorosos. Sim no final, você precisará garantir que as oportunidades de crescimento identificadas são suficientemente escalonáveis para interessar à sua organização. Mas o momento de fazer isso é mais tarde, depois que você tiver dado um ou dois (ou talvez mais) giros pelo processo de teste de hipóteses e tiver eliminado o máximo possível de incertezas, principalmente em torno do teste de criação de valor.

Christi Zuber, da Kaiser, ofereceu um conselho semelhante:

> "Se você começar com um grande estardalhaço para que todos na organização notem tiver o controle de tudo – não será um bom começo. Automaticamente você lidará com uma situação de tamanha pressão que não terá condições de sucesso. É como aprender a andar de bicicleta. Você não vai começar do alto da montanha e descer de lá ao montar numa bicicleta pela primeira vez. Você começará treinando com rodinhas laterais em uma pista própria. Temos de começar pequeno e aprender o caminho em um novo conjunto de habilidades, por ser uma forma diferente de pensar. Não tínhamos expectativa de que na primeira vez que o fizéssemos iríamos acabar com a fome no mundo. Todos nós sabíamos que estávamos tentando encontrar um modo de criar soluções significativas para a organização. Sabíamos que era necessário ter paciência uns com os outros conforme aprendíamos ao longo do caminho. Então, calma! Compreenda que tem de começar treinando com as rodinhas, mas tudo bem – é assim que aprendemos."

Trabalhe sua musculatura de design thinking enfrentando, primeiro, pequenos desafios: consertando o processo de orientação de funcionários, por exemplo, ou apresentando um relatório de clientes semanalmente. Estes são projetos de dimensão reduzida que não requerem permissão, um grande comunicado, uma equipe permanente ou um orçamento de despesas e, portanto, eles não desencadeiam o processo de gerenciamento de riscos. Você já deve ter feito vários desses projetos, mas tente um ou dois mais, usando as ferramentas deste livro que são novas para você.

3. **Selecione e gerencie a sua equipe cuidadosamente.** As virtudes das equipes multidisciplinares foram exercitadas pelos gerentes por mais de duas décadas, e ainda assim confundimos "diversificado" com "politicamente inclusivo". Para os projetos de design thinking, o que se quer é a verdadeira diversidade. Pense no potencial de design de sua equipe como delimitado pela base de experiência de todos os seus integrantes. Esta é a sua sabedoria coletiva. Se todos se parecerem, não há muito trabalho a fazer. Partes diferentes do projeto exigem aptidões, forças e experiência diferentes: O envolvimento de múltiplos departamentos, embora importante, não é suficiente. Você precisa de criadores e testadores de hipóteses ou o que um gerente que conhecemos chamou de "iniciadores" e "acabadores". As equipes de melhor desempenho possuem os seguintes atributos:

- Um líder entusiasmado, com força de vontade, que permaneça confiante no processo apesar da incerteza do resultado (um equilíbrio capcioso, porém fundamental)

A SALA DE GUERRA

Visualize um espaço físico onde você coloca tudo nas paredes. Todas as fotos reunidas durante a fase de exploração, seus mapas de experiência, personas e descrições, e talvez até mesmo seu quadro do chilli. É um lugar onde a equipe do projeto de crescimento pode se reunir e compartilhar insights e feedback; é um lugar que dá à equipe uma identidade coesa, possibilita a colaboração interfuncional, e otimiza enormemente o relatório de status.

É o que chamamos de sala de guerra, e esta é uma das melhores formas de manter o impulso em um projeto de *design thinking*. Na Microsoft, a equipe de desenvolvimento do Xbox organizou a sala de guerra em um local que havia sido reservado para consultores visitantes (Ai!). Jon Hayes, o líder criativo do Xbox, chama a sala de guerra de "registro fóssil" do projeto. Sempre que um executivo perguntava: "Como está indo?" Jon dizia. "Venha para a sala de guerra, porque não podemos embrulhar tudo isso e colocar em um PowerPoint". Eles podiam literalmente rastrear as decisões e lembrar como tinham chegado lá. Toda vez que você entrava, a sala contava a história do projeto.

- Diversidade de habilidades, incluindo:
    - Observação e escuta
    - Enquadramento e estratégia
    - Análise
    - Visualização e contação de história
    - Organização e gestão
    - Baixa necessidade egoica a sabedoria coletiva ficará neutralizada se uma personalidade dominante silenciar o debate
    - Espaço físico colaborativo, flexível e compartilhamento de localização
    - Propósito compartilhado
    - Uma equipe formal constituída por algum tempo

Um projeto complexo precisa de uma equipe ampliada formal de especialistas funcionais para contribuir em pontos essenciais, mas não sistematicamente. Posicioná-los logo de início, mesmo antes que suas especialidades sejam requeridas, pode ser muito bom no sentido de promover rapidez e eficiência, um fator crucial para o sucesso.

Ter uma equipe é um excelente patrimônio e uma grande responsabilidade. Os designers trazem um tremendo nível de disciplina para a administração do projeto. A imagem de artista encobre uma incrível atenção quanto a processos e detalhes. Para se beneficiar das habilidades diversificadas da equipe, será preciso orquestrar o trabalho individual e de grupo, com comunicação frequente para coordenar as transições. Recomendamos três construtos de comunicação de equipe, além dos recursos da gerência de projetos, para uma colaboração bem-sucedida.

- A **fonte refrescante**: Um espaço físico compartilhado onde as pessoas podem se encontrar e colaborar facilmente. Se houver café e salgadinhos por perto, melhor ainda. Se tiver a forma de uma sala de guerra ou sala de projeto exclusiva, é a melhor solução de todas.
- O **mural do processo**: Um pedaço de parede grande o suficiente para o trabalho ser afixado. Deve haver Post-its e marcadores disponíveis para que comentários avulsos "de passagem" possam ser deixados.
- A **verificação semanal**: Uma reunião semanal de 60 minutos, sempre no mesmo horário toda semana, que inclui colaboradores de fora do site (por telefone ou vídeo). Ver é crer. Estas são sessões de trabalho para trazer à tona pontos de estresse e promover colaboração, e os materiais devem ser funcionais e não espalhafatosos. Nossas verificações semanais sempre seguem a mesma agenda, então não há preparação meticulosa e as pessoas se acostumam aos seus papéis.

Conforme o projeto passa de **O que é**, para **E se**, **O que surpreende** e **O que funciona**, as exigências sobre os membros da equipe variam muito. Os três construtos dão um sentido de ordem e continuidade que atua como influência tranquilizadora durante as transições.

As comunicações externas serão menos frequentes, mas são igualmente fundamentais. A maior parte dos projetos terá verificações formais alinhadas com as quatro perguntas do

---

EXEMPLO DE AGENDA PARA VERIFICAÇÃO SEMANAL

A verificação semanal é puramente uma reunião funcional. Acontece toda semana no mesmo horário, portanto a preparação é rápida. Recomendamos um formato simples e replicável como este:

1. Ligação de convocação
    a. Se alguém estiver ausente, quem passará os resultados do encontro para ele ou ela?
2. Uma "fotografia" do ponto em que estamos (geralmente um gráfico do andamento do projeto [GANTT] e uma pauta)
3. Atividades principais, próximos cinco dias de trabalho
    a. Itens do caminho crítico
    b. Decisões a serem tomadas
4. Atividades principais, residual do projeto
    a. Itens de maior risco
    b. Conselhos/chaves para o sucesso em administrá-los
5. Ações resultantes desta reunião
    a. Decisões tomadas/mudanças no planejamento
    b. Itens de ação
    c. Questões a serem tratadas em particular

DEZ DICAS PARA INOVAR VELOZMENTE

Observamos em nossa pesquisa algo curioso sobre os líderes de crescimento mais bem-sucedidos. Eles nunca mencionaram velocidade como um aspecto-chave de seu trabalho, mas, no entanto, nós a detectamos em tudo que faziam. De fato, a velocidade parece estar ligada nos líderes de crescimento. Para melhor compreensão de como a velocidade promove o sucesso em projetos de crescimento, convocamos um grupo de trabalho de 12 empresas, incluindo McDonald's e Kaiser Permanente, que compartilharam suas respectivas "colas" quanto a velocidade. Complementamos, então, as dicas com algumas que coletamos em nossa própria pesquisa.

1. Escolha um problema sério como ponto de partida
2. Conte uma história focada no lado humano para despertar as emoções
3. Cuide da velocidade; inclua em cada conversa palavras do tipo "em torno de quando?"
4. Concorde com objetivos audaciosos
5. Concorde com um modelo de tomada de decisão rápida (quem decide, quando eles decidem, usando que critério?)
6. Estabeleça prazos claros (mas não tão claros assim)
7. Não debata, experimente (aprenda fazendo)
8. Compartilhe suas ideias quando forem apenas "boas o suficiente" (tenha a coragem de parecer idiota)
9. Deixe os outros validarem suas ideias
10. Fale a verdade sobre erros e fracassos (e o que foi aprendido)

processo do design thinking. É aí que os recursos da gestão de projetos se tornam úteis (sugerimos uma revisão cuidadosa das descrições e dos quadros no Apêndice). Além disso, é típico de projetos de maior visibilidade atrair demandas específicas "ad hoc" por comunicações externas. Se o patrocinador do projeto for positivo e entusiasmado, estas assumem a forma de "sínteses informativas" para vários grupos funcionais. Se o investidor é do tipo mais nervoso, você e sua equipe poderão ser chamados, com frequência, para responder perguntas como "Qual o tamanho do mercado?" "Tem certeza de que vai caber no orçamento?" e "Qual é o status atualizado?" Patrocinadores executivos de qualquer do dois tipos se beneficiarão de um projeto que funcione com elevado grau de transparência. Vão até gostar de um convite informal para a reunião de verificação semanal. Se comparecerem, mantenha a pauta da reunião...

Não fique tentado a transformar a reunião em uma exibição descabida.

4. **Administre o impulso.** Segundo nossa experiência, o impulso é um recurso subestimado em um projeto de inovação. Enquanto o projeto está progredindo e as pessoas se sentem produtivas, há um burburinho positivo. O formador de impulso número um é a velocidade. Os integrantes da equipe reclamarão do ritmo acelerado, mas tais reclamações serão ruídos leves se comparadas ao rugido estrondoso que será ouvido quando as coisas parecerem arrastadas. As três principais razões para as coisas ficarem mais lentas até se arrastarem? Tomada de decisões lenta, tomada de decisões lenta, e tomada de decisões lenta.

A velocidade não acontece por si. Mas formar um comitê não cria um impulso. Nem fazer uma reunião mesmo sendo boa. O impulso é abastecido pela energia produzida quando grupos de pessoas trabalham juntos para identificar, criar e testar novas ideias que acentuam o valor e, depois, ver os frutos do seu trabalho. O impulso funciona em um pico emocional, e como em outros picos, não dura muito. O impulso se dissipa conforme as pessoas retomam suas funções. Como líder de inovação, você tem de usar essa energia rapidamente sob pena de perdê-la. O burburinho frenético resultante da melhor sessão de brainstorming não sobrevive a um mês de silêncio posteriormente.

Mas o tipo de velocidade de que estamos falando não é apenas o tempo total até o mercado. A pressa na colocação de soluções mal concebidas no mercado, antes de compreender por inteiro o problema do cliente, é o *oposto* do que o *design thinking* prega. O que estamos falando aqui diz respeito à velocidade da aprendizagem, e à redução do ciclo de tempo de repetição, ao longo dos níveis progressivos de criação de hipóteses e de teste.

Há uma tensão interessante entre rápido e lento no processo do *design thinking*. Os designers se demoram no estudo do problema logo de saída: suas soluções tendem surgir naturalmente desta imersão em **O que é**. Como gerentes, mostramo-nos muitas vezes relutantes em dedicar aquele tipo de tempo, logo no início, para uma reflexão ponderada. Temos pressa em obter soluções. Infelizmente, estas soluções proeminentes raramente são do tipo que produz crescimento e inovações verdadeiras. Na pressa para encontrar respostas rápidas, encontramos algumas inadequadas que jamais identificam a verdadeira oportunidade de criação de valor e isso não é realmente muito eficiente, não é?

Muitos executivos seniores agem como se o impulso fosse criado pelos portões de gerenciamento de riscos que ergueram. "Vou agendar uma reunião de avaliação e responsabilizá-los pelos resultados!" é como funciona o raciocínio. Mas esse processo não é significativo para a equipe do projeto de crescimento, que ajuda a criar slides de PowerPoint, mas que muitas vezes não insere transparência nas deliberações e decisões de financiamento que se seguem.

O foco voltado para dentro das revisões de projeto formais ignora a fonte mais confiável de impulso: o cliente. Os membros da equipe do LifeTuner da AARP podem não se lembrar das revisões internas da gerência, mas nunca esquecerão das sessões de cocriação com o cliente ou das reações do cliente aos seus testes de conceito iniciais. Lançar os conceitos para o mundo mesmo sendo um mundo estreitamente limitado como um grupo de clientes online é pura adrenalina para a equipe de crescimento. Acreditamos de todo coração em revisões da equipe de gerência, contanto que sejam focadas nas perguntas certas, como: "Como o grupo de clientes reagiu ao conceito?" Coloque as revisões internas onde bem entender; o verdadeiro impulso do projeto pode ser vinculado a marcos onde os clientes interagem diretamente com o novo conceito, enquanto a equipe do projeto observa.

O que fazer: Respire. A sensação é essa apenas por um minuto ou dois, como aquela pausa que antecede o mergulho da montanha russa. É o sentimento que Joe Montana teve antes da jogada de mestre quando venceu o Super Bowl. Dentro de minutos você estará em ação, executando o plano, aprendendo a um passo acelerado e (previsão nossa) adorando.

O momento dos resultados da etnografia. Você se sente renovado depois de rever os mapas da jornada do cliente e outros resultados da pesquisa etnográfica, e tem uma noção clara e cristalina da necessidade latente que você pode abordar. O executivo patrocinador então vê a amostra de 11 clientes, nenhum dos quais se parece com os demais, e diz: "Vamos tomar decisões com base *nisso*?"

O que fazer: Tenha compaixão pelo executivo patrocinador. Talvez ela tenha tido 45 minutos paracaptaro papel da pesquisa etnográfica no processo de inovação, enquanto você teve pelo menos *45 horas*, quem sabe, *45 dias*. Lembre a ela que você não está à procura de provas quantitativas. Em vez disso, este processo é concebido para ajudar a criar hipóteses que seus concorrentes não possuem. Sua pesquisa tem a ver com *inspirar* novas ideias, não prová-las. Isto é para mais tarde.

O momento de se afogar em dados. A intensidade de observações e de entrevista com clientes, somada a toda a pesquisa secundária, produziram montanhas de dados é tanta coisa que você não tem ideia de como começar a dar um sentido àquilo.

O que fazer: Apenas comece a ordenar. Primeiro, faça grandes pilhas em cima da sua mesa, agrupando as coisas de modo que façam sentido para você. Segundo, arranje uma parede grande branca e comece a colocar tudo lá. Você está criando uma exposição. Tenha fé; os padrões vão aparecer.

O momento da manhã seguinte (ao brainstorming). Um processo típico de brainstorming gera pelo menos 100 ideias e às vezes mais de 500. Quando os participantes refletem sobre os resultados, eles tendem a pensar (ou dizer): "Interessante, mas não acho que descobrimos nossa próxima linha de negócios de US$ 500 milhões". Eles também podem pensar: "Tivemos 80% dessas ideias antes, e os outros 20% são vagas esperanças".

O que fazer: Alerte os participantes de antemão de que eles podem se sentir dessa forma. Você ganhará credibilidade quando disser: "Estas não são linhas futuras do negócio; elas são matéria-prima para forjar combinações inovadoras que não foram tentadas anteriormente.

Formar essas combinações é a próxima etapa no processo, e compartilharemos os resultados com vocês. Não importam as ideias anteriores: Inovação geralmente não é sobre produzir ideias que ninguém nunca pensou antes; é sobre criar um valor melhor para o cliente e lucro para nós combinando elementos em designs de negócios inovadores. Fique ligado e seja surpreendido".

O momento da pequena lista. Ocorre quando você criou três combinações inovadoras de elementos, configurando-as em ofertas prontas para serem compartilhadas com clientes em sessões de cocriação. Você apresenta os conceitos para um executivo patrocinador, e ele diz, simplesmente: "O que mais você tem?" Como se, reexaminando os 15 ou 20 conceitos não qualificados, ele pudesse encontrar algo melhor.

O que fazer: Lembre-se da disparidade de perspectivas. Seu patrocinador tem instintos arraigado (de dentro para fora) baseados em anos no ramo que não combinam com os insights de fora para dentro do processo de design thinking. É sua tarefa lembrá-lo gentilmente de que estes conceitos são priorizados com base em como eles contemplam as necessidades não atendidas dos clientes (baseado em critérios de design que ele concordou há quatro semanas). Você diz: "Solucionar as necessidades prementes do cliente tem que ser a primeira prioridade, lembra? Vamos levar isto para aquelas sessões de cocriação e ver como os clientes reagem".

O momento da estreia. Ocorre logo antes do projeto ir ao vivo pela primeira vez, geralmente durante o lançamento da aprendizagem. Algumas vezes é o executivo patrocinador que deseja abortar imediatamente antes de decolar, e outras vezes é a equipe que diz: "NÃO estamos prontos".

O que fazer: Volte para o guia de aprendizagem (o último recurso da gestão de projetos) para lembrar como o lançamento da aprendizagem reduz o risco. Você tem um plano de execução viável financeiramente, um cliente disposto, e um conjunto de metas de aprendizagem. Não deixe que o perfeccionismo interfira no caminho do progresso!

Fechando a Venda e Conquistando o Superior

Agora, o que pode ser o maior desafio de todos: Vender o *design thinking na sua organização*. Para aqueles que almejam um novo papel como apóstolos do *design thinking*, prontos para seguir adiante e converter as massas populares, nós temos uma palavra para vocês: PAREM!

Você comprou a ideia sem questionar; eles não. Debates abstratos sobre a definição do *design thinking* e como ele difere das abordagens analíticas tradicionais não acrescentarão um centavo sequer à sua conclusão final ou conquistarão sua plateia. Então comece a fazer o *design thinking* e deixe o resultado falar por si só.

Logo de início, chame-o de ferramenta para aumentar a satisfação do cliente ou produzir inovação, identificar novas oportunidades de crescimento (obviamente esta, a nossa opção favorita). Descreva-o como uma abordagem diferente para solucionar problemas ou uma nova forma de pensar estrategicamente. Com certeza, fale sobre o impacto sobre a empresa e sobre resultados. Escolha palavras que ecoem não só junto aos executivos seniores, como também junto àqueles cujo problema você pretende atacar.

Até mesmo Claudia Kotchka, que estava por trás da apresentação extremamente bem-sucedida do *design thinking* na Procter & Gamble, não o chamou de *design thinking* logo de início nem perdeu tempo discutindo sobre por que fazê-lo:

> *"Foi um longo tempo até começarmos a chamar alguma coisa de design thinking na P&G. Apenas dizíamos: 'Eis uma forma diferente de inovar, de solucionar problemas'. Escolhíamos dez pessoas de uma unidade de negócios, todas as disciplinas, e as colocávamos diante de um problema difícil. Nunca dissemos a elas que estavam usando a metodologia do design thinking – em nenhum momento. Não era importante que elas soubessem como se chamava. Eles só tinham que saber os passos básicos e como abordar o problema com uma mentalidade diferente."*

Muitos novatos no *design thinking* sentem um ímpeto de fazer uma imersão no novo vocabulário, deixam de lado suas tarefas diárias, e se tornam pregadores. Com certeza, acolha a sua paixão recém-descoberta, mas fale sobre ela em linguagem direta. As formas mais eficazes de conquistar o superior têm tudo a ver como você se comunica:

1. Conte **histórias** centradas no ser humano
2. Complemente as histórias com **dados**
3. Dê **transparência** ao processo
4. Compartilhe a aprendizagem e (se possível) os **resultados** da empresa

Vamos começar com a contação de histórias. Contar histórias com conteúdo emocional acelera sua habilidade para vender o design thinking, fazendo suas ideias parecerem reais aos patrocinadores, clientes, sócios e financiadores. Reduz as chances da mágoa que citamos antes: de não errar porque nunca lhe foi permitido tentar.

Quantas vezes Dave Jarrett contou a história do protótipo em história em quadrinhos dos carros no pátio de vendas? Quantas vezes a equipe da Brivo se referiu à foto do pacote queimado na churrasqueira? Quantas vezes Christi Zuber mostrou imagens das enfermeiras usando o protótipo das faixas durante os turnos de medicação? Estas histórias e imagens transformam ideias abstratas em tangíveis e relevantes. Elas aumentam o conforto com esses novos métodos. Apenas tenha cuidado em não separar as histórias dos dados; eles precisam uns dos outros. Os espectadores não se livram do apetite analítico só porque você é bom contador de histórias. Dave Jarrett geralmente destaca sua história do protótipo da história em quadrinhos contrastando-a com o protótipo do software de US$ 25 mil que normalmente teria sido construído e depois descartado no seu lugar.

Uma vez acionado o processo do design thinking, a transparência será fundamental nas suas tentativas de conquistar os superiores. Nada melhor do que a luz do sol para estimular confiança em um processo desconhecido. Nossas "Dez Dicas para Inovar Velozmente", na página 190, refletem vários dos princípios da transparência. Não desacelere em função dos líderes seniores, mas torne tudo visível e convide-os para aparecerem sem avisar. Líderes confiantes vão incentivá-lo por legítimo interesse; líderes nervosos vão aparecer por medo. Deixe-os ver os conceitos puros, as citações literais, tudo. Ainda haverá momentos de terror total, mas você estará preparado.

O segredo final para conquistar o superior é compartilhar os resultados. Este elemento é mais bem gerenciado com o quarto recurso da gestão de projetos, o guia de aprendizagem. É fácil compartilhar os resultados se o projeto for bem-sucedido. Imagine como a equipe de Diane Ty na AARP se sentiu quando o LifeTuner foi anunciado como vencedor do prêmio IDEA 2010. Em contrapartida, como você acha que Mark Stein se sentiu quando chamou os membros da diretoria para comunicar que a Maytag estava fora como parceira de fabricação e que o Oscar provavelmente estaria morto?

Se o resultado comercial deixar a desejar, então deixe para lá, enquanto os objetivos de aprendizagem forem atendidos. Os investidores do empreendimento de risco da Brivo tinham um foco no comércio doméstico, e a experiência do Oscar ofereceu valiosas lições sobre aquele mercado. Todos os projetos de crescimento tanto os que fracassaram quanto os de sucesso esmagador devem responder a uma mesma pergunta estratégica, e o trabalho do pensador de design inclui transmitir o valor estratégico do capital de conhecimento obtido.

Jacqueline LeSage Krause, chefe da unidade de inovação corporativa da The Hartford, acredita piamente em compartilhar os resultados do projeto com transparência, seja qual for o resultado:

"Nosso estatuto inclui sermos o grupo de exploração do 'espaço em branco', então sabemos que muitos dos projetos em que acreditamos irão 'fracassar' nos termos convencionais, enquanto ainda em nossos canais de processamento. E, qualquer que seja o resultado do mercado, temos que colher o que foi aprendido e oferecer esse insight para as [unidades de negócios]. Digo à nossa equipe 'Somos a unidade de aprendizagem rápida. A única forma de fracassar será deixarmos de aprender'. Então focamos em descobrir 'O que pode ser extraído rapidamente dali?' e 'Quais as principais coisas que precisamos aprender para o próximo estágio?' O retorno sobre o conhecimento é uma de nossas principais medidas de desempenho como unidade."

O *Design Thinking* Começa Quando Fazemos Design

Quando começamos a escrever este livro, vários designers experientes nos aconselharam a não fazê-lo. "Não existe essa coisa de *design thinking*, apenas fazer design", disse alguém. Outro sugeriu que o melhor que podíamos esperar era ajudar gerentes a *apreciarem* o bom design. Aquelas opiniões nos lembram do "emaranhado" da Apple apresentado no Capítulo 1. Esperamos ter demonstrado pelas histórias dos gerentes sem treinamento em design como Dave Jarrett, Christi Zuber e outros que o processo do design pode ser desembaraçado, tornado transparente e dominado por gerentes das mais diferentes formações.

Há, no entanto, um fundo de verdade na ênfase em relação ao fazer. O design como ferramenta para solução de problemas é um esporte de contato. Para ver se o *design thinking* funciona para você, é preciso tentá-lo. É por isso que o estimulamos do início ao fim para *tentar fazê-lo em casa*. E é por isso que o convidamos agora a escolher uma oportunidade (pequena) de crescimento, a encontrar um colaborador e mergulhar no **O que é**. Desse momento em diante, você estará em cena. Um mundo de aprendizagem rápida irá se descortinar à sua frente, e **E se**, **O que *surpreende***, e **O que *funciona*** estão logo ali na esquina. Prometemos a você que seus projetos de crescimento jamais serão os mesmos.

5. **Prepare-se para momentos de terror total.** Conversar sobre *design thinking* muitas vezes soa otimista e sonhador sinal claro para o gerente experiente sair correndo, em vez de andar, para a saída mais próxima. Jacqui nos advertiu: "Quando me envolvo com pessoas que genuinamente estão tentando implementar design, nossas conversas não tratam de contar vantagens sobre o que conseguimos; é mais tipo uma terapia com grupo de apoio onde usamos o reforço e o encorajamento dos outros apenas para continuar em frente".

De fato, há momentos previsíveis da verdade em um projeto de *design thinking*, momentos que podem provocar sentimentos de completo terror e testar suas reservas de coragem pessoal. Diz-se que o prevenido vale por dois. Com esse sentimento, perguntamos a um grupo de respeitáveis pensadores de design para compartilhar alguns dos seus momentos de terror total. Aqui estão os seis principais, em ordem cronológica.

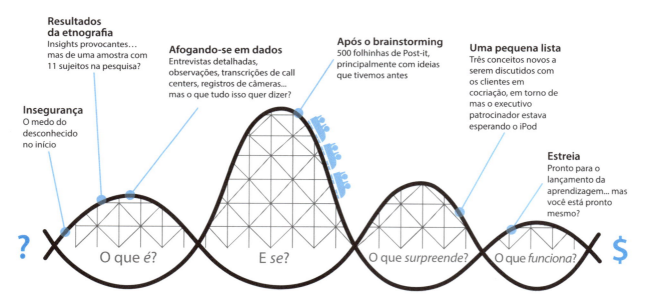

O momento da insegurança. É quando você amanhece pensando: "Eu acabei de prometer O QUÊ? Para QUANDO? Com apenas QUE recursos para realizá-lo?" Depois de apresentar e reapresentar seu projeto, você esperava curtir os louros da vitória e em vez disso está sofrendo, com medo do desconhecido.

APÊNDICE

RECURSOS DA GESTÃO DE PROJETOS

Embora o *ambiente* do design seja cheio de incertezas, a gestão do seu projeto de design não deve ser. Os recursos da gestão de projetos (RGPs) o ajudarão a obter o máximo possível em termos de clareza, controle e transparência na gestão de um projeto de *design thinking*. Você também os achará valiosos para manter os executivos seniores informados.

O primeiro RGP, a **síntese do design**, é mais útil no início do estágio **O que é**. Ao partir para explorar a realidade vigente, este RGP força você a esclarecer suas ambições e limitações. Ele pede que você delineie seu desafio de design, defina seu alcance e faça as principais perguntas a serem exploradas no início: O que você espera obter com este trabalho? Quais seriam os sinais de sucesso? Como saberá se o projeto agregou valor?

Antes de passar ao **E se**, é importante captar o que foi aprendido em suas explorações. O segundo RGP os *critérios de design* ajudam-no a sintetizar importantes insights e padrões de O que é em um conjunto de critérios a serem usados para avaliar os conceitos a serem criados.

Conforme temos visto, a transição do **E se** para **O que surpreende** pode ser irritante: você precisa fazer algumas escolhas difíceis. O terceiro RGP, o **esboço de guardanapo**, ajuda traçando os elementos mais promissores dos seus conceitos mais.

Finalmente, uma vez identificadas as premissas básicas e desenvolvidos alguns protótipos a serem expostos a clientes reais, você está pronto para um lançamento da aprendizagem. O investimento no projeto ainda estará no ponto mais alto assim como também estarão a ansiedade e a empolgação, tanto da equipe do projeto quanto dos executivos patrocinadores. O quarto RGP, **guia de aprendizagem**, torna-se a sua bússola para navegar nesta fase final empolgante. Nela você especifica o que pretende aprender e os recursos financeiros que está disposto a comprometer durante as incursões iniciais no mercado.

Nas páginas seguintes estão as descrições de cada RGP e quadros que podem ajudá-lo a gerenciar seus próprios projetos de crescimento.

RECURSOS DA GESTÃO DE PROJETOS 203

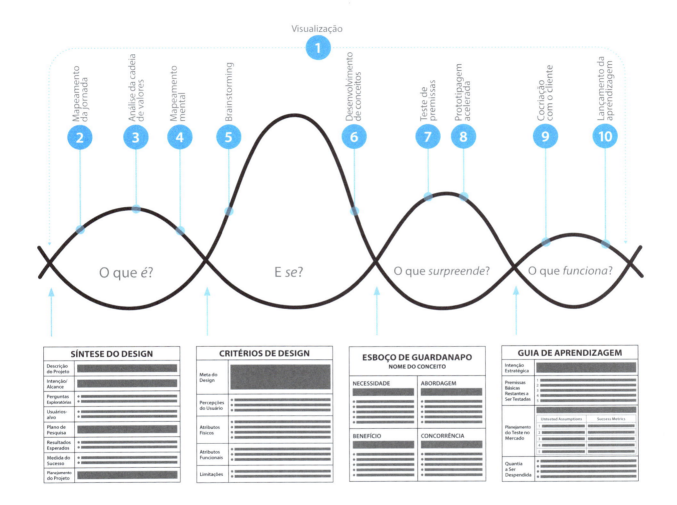

RGP 1: Síntese do Design

A síntese do design será sua estrela guia do início ao fim do seu projeto de *design thinking*, oferecendo sempre uma resposta à pergunta: "Para onde estamos indo?" A síntese do design diz à equipe de projeto onde está indo e por quê, as armadilhas a evitar e os recursos necessários. Ela define o cronograma, nomeia os marcos importantes e apresenta as medidas para avaliar o projeto.

Como era de se esperar, brevidade é um atributo básico de uma boa **síntese do design**. O documento duas ou três páginas no máximo deve oferecer muita flexibilidade à equipe para usar a criatividade. No clássico programa de TV *Missão Impossível*, cada episódio começava com o que importa em uma síntese do design. Esperamos que não seja necessário que a sua se autodestrua ela deve estar à mão do início ao fim do projeto.

Quando usá-la: Use a síntese do design para dar início ao projeto e como referência de consulta a cada marco importante. Um designer experiente não começará a trabalhar sem uma síntese. Se você está à frente de uma equipe à qual foi solicitado que iniciasse um projeto de crescimento e recebe uma síntese do design incompleta, sua primeira tarefa é reforçá-la.

Por que a síntese do projeto diminui os riscos do seu projeto de crescimento: Lembra-se de como dissemos que o *design thinking* é uma abordagem para solução de problemas que funciona bem para explorar possibilidades desconhecidas? Bem, exploradores costumam se perder. O imortal Yogi Berra disse certa vez: "se você não sabe aonde está indo, provavelmente chegará a um lugar qualquer". Este é um perigo sempre presente em um projeto de *design thinking*, e a síntese do design é a ferramenta para gerir esse risco. Ao mapear um terreno desconhecido, realinhar problemas para visualizar oportunidades, e imaginar alternativas futuras, você deve checar constantemente a direção (assim como o relógio e tanque de combustível). A síntese do design provê essa orientação do início ao fim do projeto.

DESIGN BRIEF

Descrição do Projeto	Qual é o problema ou a oportunidade da empresa? Descreva o projeto em algumas frases, como você faria em uma "conversa de elevador"
Intenção Alcance	O que está dentro e o que está fora do alcance do projeto? Que esforços amparam este projeto em particular?
Perguntas Exploratórias	Que perguntas básicas você precisará responder ao longo da pesquisa? Estas podem incluir as necessidades do cliente para compreender melhor, o surgimento de possibilidades técnicas e novos modelos de negócios.
Usuários-Alvo	Para quem está fazendo o design? Tente ser o mais específico possível. Quem você precisa entender? Por que são tão importantes?
Plano de Pesquisa	Como você irá explorar o espaço de sua oportunidade? Você precisará de um plano, incluindo cronograma e marcos, para as pesquisas primária e secundária.
Resultados Esperados	Que resultados gostaria de ver?
Medida do Sucesso	Como você medirá o sucesso?
Planejamento do Projeto	De que recursos você precisa? Por quê? Em que estágios? O que está criando a premência de tempo? Qual o limite de tempo relevante para cumprir a síntese?

RGP 2: Critérios de Design

Os critérios de design são uma expressão sucinta do estado final ideal do seu projeto de crescimento. Este recurso capta as conclusões do estágio **O que é** e fornece o padrão de medida pelo qual as soluções possíveis serão avaliadas. Observe que os critérios de design não dizem o que ou como fazê-lo; em vez disso eles descrevem os atributos de uma solução ideal. Formam uma lista concisa das limitações e das aspirações quanto à solução. Neste sentido, eles representam uma extensão da síntese do design, incluindo informações que você não tinha no início do processo.

Quando usá-los: Você desenvolve os critérios de design na travessia entre **O que é** e **E se**. Eles são sempre comunicados aos patrocinadores executivos e outras partes interessadas como um indicador do progresso e da direção do projeto de crescimento.

Por que os critérios de design diminuem os riscos do seu projeto de crescimento: Durante O que é, você compila novos insights de muitas fontes. Como resultado, os projetos de crescimento podem sofrer uma sobrecarga de informações. Os critérios de design filtram os dados que chegam, separam o joio do trigo, e transmitem o que você verdadeiramente acredita sobre a solução ideal. Projetos que não podem gerar critérios de design concisos tornam-se navios à deriva, flutuando num mar de dados, sem nunca chegar à terra firme.

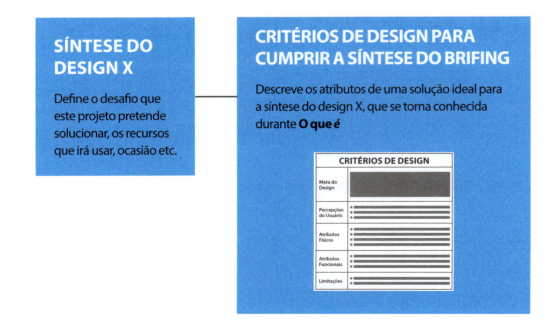

CRITÉRIOS DE DESIGN

Meta do Design	• O que você aprendeu sobre o cliente-alvo? • Que necessidades (funcionais, emocionais, psicológicas, sociais) do cliente-alvo o design deve atender? • Por que é estrategicamente importante para a sua organização atender essas necessidades?
Percepções do Usuário	• Quão importante a oferta proposta é para o bem-estar do cliente-alvo? • Há atributos estéticos necessários ao sucesso junto ao cliente-alvo? • O cliente-alvo espera que a oferta tenha certos atributos sociais, éticos ou ecológicos? • O que "fácil de usar" significa para o cliente alvo?
Atributos Físicos	• A oferta deve ser capaz de captar, armazenar, e/ou transmitir informações sobre o uso? • A oferta precisa ser projetada para uso em ambientes ou situações específicas? • Há considerações quanto a peso ou tamanho para içamento, uso ou transporte? • Há questões de memória, banda larga ou conectividade?
Atributos Funcionais	• O design da oferta precisa acomodar cenários específicos de caso de uso? Liste-os por ordem de relevância para o cliente-alvo. • O design precisa contemplar questões de compatibilidade ou de padrões?
Limitações	• A oferta final precisa estar concluída em uma data específica? • Que restrições seu negócio atual impõe (a oferta deve usar a base de fabricação existente, fornecer margens de lucro mais elevadas do que as ofertas atuais, tecnologias patenteadas vantajosas etc.)? • Há preocupações referentes a regulamentos e ecossistemas (altura das prateleiras nos varejistas, regulamentações da OSHA etc.)?

RGP 3: Esboço de Guardanapo

TO esboço de guardanapo gera um formato simples e consistente para sintetizar e comunicar novos conceitos. O nome deriva da noção de que uma boa ideia pode ser comunicada de forma simples, muitas vezes no verso de um guardanapo. Já que guardanapos tendem a embolar na bandeja das impressoras, você traduz o conceito para um modelo de uma página, que pode não ser útil para secar as mãos, mas que fará um ótimo trabalho deixando você e sua equipe de trabalho com múltiplos conceitos de crescimento em paralelo.

Dado um determinado conceito, o esboço de guardanapo descreve os clientes-alvo, as respectivas necessidades não atendidas, e por que sua oferta cria um valor original para eles; os elementos que você fará, comprará, e com os quais criará parcerias; os canais a serem usados; e os rivais em potencial a observar.

Quando usá-lo: Use o esboço de guardanapo na conclusão do desenvolvimento do conceito, para sintetizar a pequena lista de conceitos que surgirem do E se que você deseja explorar mais no estágio **O que *surpreende***.

Por que o esboço de guardanapo diminui os riscos do seu projeto de crescimento: O *design thinking* diz respeito à exploração de múltiplas opções e deixar que os outros as validem. Tais características apresentam um grau de complexidade que você não encontrará em um projeto mais linear. O esboço de guardanapo reforça a simplicidade e ajuda a evitar cair na tentação de passar à frente dos outros (especialmente clientes) antes que tenham uma oportunidade de validar o seu pensamento. Igualmente importante, ele coloca o conceito de uma forma filtrada que permite aos colaboradores focarem nos elementos essenciais conforme criam o protótipo.

ESBOÇO DE GUARDANAPO: Nome do Conceito

Necessidade
- Que cliente deseja isso?
- Que necessidade(s) não atendida(s) ele supre?

Abordagem
- Que vantagem ou recurso ele alavanca?
- Como agregaria valor?
- Como nossa empresa criará uma vantagem sustentável?

Benefício
- Como o cliente se beneficiará?
- Como nossa empresa se beneficiará?
- Que outras partes se beneficiarão?

Concorrência
- Que empresas atualmente suprem essa necessidade?
- De que forma reagirão à nossa entrada?

RGP 4: Guia de Aprendizagem

O guia de aprendizagem reafirma a intenção estratégica do projeto e, em seguida, define os parâmetros para o teste das premissas básicas restantes. Você o usará para enfrentar de frente o medo perturbador que paira na mente de todos: *E se não funcionar?* É um mecanismo excelente para definir (a) a intenção geral do novo conceito, (b) as premissas básicas a serem testadas, (c) os recursos financeiros que serão gastos, e (d) capital de conhecimento que precisa retornar, mesmo que o projeto não prossiga.

As organizações começaram a usar guias de aprendizagem como uma reação a um obstáculo comum ao crescimento: a aversão ao risco. As equipes muitas vezes tendem a jogar de modo seguro para evitar "fracassos". Um guia de aprendizagem é um documento de autorização que diz, na verdade: "Enquanto você aprender mais sobre as premissas básicas, seus esforços não serão um fracasso".

Quando usá-lo: Use o guia de aprendizagem antes de gastar recursos para se comprometer com clientes em sessões formais de cocriação. Atualize-o antes de investir em protótipos de qualidade mediana ou de se envolver no lançamento da aprendizagem. De fato, toda vez que você gastar "dinheiro de verdade" (em geral cinco dígitos) em algo que não é uma coisa certa, é prudente usar um guia de aprendizagem para definir suas decisões de investimento.

Por que o guia de aprendizagem diminui os riscos do seu projeto de crescimento: O sucesso do *design thinking* depende da sua habilidade para fazer pequenas apostas rápido. O guia de aprendizagem é o mecanismo para assegurar que cada aposta seja focada no teste das premissas básicas e para manter poucos recursos em cada aposta, de modo que você possa arcar com a desistência se não gostar dos resultados.

GUIA DE APRENDIZAGEM

Intenção Estratégica	Descreva em duas ou três frases (no máximo) o que este projeto pretende alcançar, tanto para o cliente quanto para a empresa
Premissas Básicas Restantes a Serem Testadas	Liste as premissas básicas sobre o conceito que você ainda não foi capaz de testar com os dados já disponíveis. (Para saber mais sobre testes de premissas, ver o Capítulo 9.)
Planejamento do Teste no Mercado	Defina quais são as premissas mais importantes a serem respondidas durante esta fase. Para cada uma, defina o que vem a ser um teste bem-sucedido, especificando um ou mais tipos de medidas. Eis um bom formato para aplicar: {sub-table below}
Quantia a ser Despendida	O teste dessas premissas é considerado como sendo o uso aceitável dos recursos financeiros listados abaixo mesmo se os resultados desestimularem investimentos futuros no conceito de crescimento. Descreva os recursos de capital (orçamento, pessoas) que serão disponibilizados durante O que funciona para testar as premissas básicas no mercado, seja pela cocriação ou por lançamentos da aprendizagem formais.

Premissas não Testadas	Medida do Sucesso para o Lançamento da Aprendizagem
1. (Short description of a key assumption to be tested)	Define how it will be measured and what the threshold for success will be

LISTA DAS NECESSIDADES HUMANAS UNIVERSAIS SEGUNDO O CNVC

O Centro de Comunicação Não-Violenta (CNVC, do inglês Center for Nonviolent Communication) é uma organização dedicada a promover os princípios da não violência. O CNVC entende que todos nós compartilhamos as mesmas necessidades básicas e que cada uma de nossas ações nos ajuda a encontrar uma ou mais daquelas necessidades. Abaixo está a lista das necessidades universais, fornecida pela CNVC, que serve como excelente ponto de partida para os projetos de *design thinking*.

CONEXÃO
Aceitação
Afeto
Valorização
Pertencimento
Cooperação
Comunicação
Proximidade
Comunidade
Companheirismo
Compaixão
Consideração
Consistência
Empatia
Inclusão

Intimidade
Amor
Reciprocidade
Carinho
Respeito/amor-próprio
Segurança
Garantia
Estabilidade
Apoio
Conhecer e ser conhecido
Ver e ser visto
Compreender e ser compreendido
Confiança
Calor

BEM-ESTAR FÍSICO
Ar
Alimentos
Movimento exercício
Repouso sono
Expressão sexual
Segurança
Abrigo/proteção
Toque
Água

HONESTIDADE
Autenticidade
Integridade
Presença

DIVERTIMENTO
Alegria
Humor

PAZ
Beleza
Comunhão
Tranquilidade
Igualdade
Harmonia
Inspiração
Ordem

AUTONOMIA
Escolha
Liberdade
Independência

Espaço
Espontaneidade
SIGNIFICADO
Conscientização
Celebração da vida
Desafio
Transparência
Competência
Consciência
Contribuição

Criatividade
Descoberta
Eficiência
Eficácia

Crescimento
Esperança
Aprendizagem
Luto
Participação
Propósito
Autoexpressão
Estimulação
Importar (para)
Compreensão

© 2005, Center for Nonviolent Communication.   Website: www.cnvc.org

LEITURA SUPLEMENTAR

The Art of Innovation: Lessons in Creativity from IDEO, America's Leading Design Firm. Tom Kelley, com Jonathan Littman. Crown Business, 2001.

The Back of the Napkin: Solving Problems and Selling Ideas with Pictures. Dan Roam. Portfolio, 2008.

Believe Me: Why Your Vision, Brand, and Leadership Need a Bigger Story. Michael Margolis. Get Storied Press, 2009.

Blink: The Power of Thinking Without Thinking. Malcolm Gladwell. Little, Brown, 2005.

"Buchanan's design thinking matrix: implications for SMMEs". Ria (HM) van Zyl. Trabalho apresentado na International DMI Education Conference "Design Thinking: New Challenges for Designers, Managers and Organizations". 2008.

Inovação em Modelos de Negócios. Alexander Osterwalder e Yves Pigneur. Altabooks, 2011.

Change by Design: How Design Thinking Transforms Organizations and Inspires Innovation. Tim Brown. HarperBusiness, 2009.

Creating Breakthrough Products: Innovation from Product Planning to Program Approval. Jonathan Cagan e Craig Vogel. FT Press, 2001.

Design-Driven Innovation: Changing the Rules of Competition by Radically Innovating What Things Mean. Roberto Verganti. Harvard Business Press, 2009.

The Design of Business: Why Design Thinking Is the Next Competitive Advantage. Roger Martin. Harvard Business Press, 2009.

"The Experience Cycle". Hugh Dubberly e Shelley Evenson. Em *Interactions*, 2008.

Experience Design. Nathan Shedroff. Waite Group Press, 2001.

A Fine Line: How Design Strategies Are Shaping the Future of Business. Hartmut Esslinger. Jossey-Bass, 2009.

The Game-Changer: How You Can Drive Revenue and Profit Growth with Innovation. A.G. Lafley e Ram Charan. Crown Business, 2008.

Glimmer: How Design Can Transform Your Life, and Maybe Even the World. Warren Berger. The Penguin Press, 2009.

How Breakthroughs Happen: The Surprising Truth About How Companies Innovate. Andrew Hargadon. Harvard Business School Press, 2003.

Innovation to the Core: A Blueprint for Transforming the Way Your Company Innovates. Peter Skarzynski e Rowan Gibson. Harvard Business School Press, 2008.

Made to Stick: Why Some Ideas Survive and Others Die. Chip Heath e Dan Heath. Random House, 2007.

Making Meaning: How Successful Businesses Deliver Meaningful Customer Experiences. Steve Diller, Nathan Shedroff e Darrel Rhea. New Riders Press, 2005.

Massive Change. Bruce Mau, Jennifer Leonard e Institute Without Boundaries. Phaidon Press, 2004.

Inovação Aberta: Como criar e lucrar com a tecnologia. Henry Chesbrough. Harvard Business School Press, 2003.

The Opposable Mind: Winning Through Integrative Thinking. Roger Martin. Harvard Business School Press, 2007.

Positive Turbulence: Developing Climates for Creativity, Innovation, and Renewal. Stanley S. Gryskiewicz. Jossey-Bass, 1999.

"Seizing the White Space: Innovative Service Concepts in the United States". Tim Ogilvie, Jeneanne M. Rae e Stephen Ezell. Tekes, 2007.

Sketching User Experiences: Getting the Design Right and the Right Design. Bill Buxton. Morgan Kaufmann, 2007.

The Ten Faces of Innovation: IDEO's Strategies for Beating the Devil's Advocate and Driving Creativity Throughout Your Organization. Tom Kelley com Jonathan Littman. Doubleday, 2005.

Ten Rules for Strategic Innovators: From Idea to Execution. Vijay Govindarajan e Chris Trimble. Harvard Business School Press, 2005.

A Whole New Mind: Why Right-Brainers Will Rule the Future. Daniel H. Pink. Riverhead Books, 2005.

"Wicked Problems in Design Thinking". Richard Buchanan. Em Design Issues, Vol. 8, nº. 2 (1992): 5-21.

Wired to Care: How Companies Prosper When They Create Widespread Empathy. Dev Patnaik, com Peter Mortensen. FT Press, 2009.

NOTES

Seção I

1. Em Hugh Dubberly, "How Do You Design? A Compendium of Models", março de 2005, p. 10. http://www.dubberly.com/wp-content/uploads/2008/06/ddo_designprocess.pdf.

2. Stephen Fry, "The iPad Launch: Can Steve Jobs Do It Again?" *Time*, 1º de abril de 2010. http://www.time.com/time/business/article/0,8599,1976935-3,00.html.

3. Ver Owen Edwards, *Elegant Solutions* (Three Rivers Press, 1989), pp. 1-8.

4. Richard Buchanan e Victor Margolin (eds.), *Discovering Design: Explorations in Design Studies* (University of Chicago Press, 1995).

5. Ver, por exemplo, Robert S. Kaplan e David P. Norton, *The Strategy-Focused Organization: How Balanced Scorecard Companies Thrive in the New Business Environment* (Harvard Business School Press, 2000); e Michael C. Mankins e Richard Steele, "Turning Great Strategy into Great Performance", *Harvard Business Review*, julho-agosto de 2005.

6. J.N. Wright, "Mission and reality and why not?" *Journal of Change Management*, 3(1): 30-45 (2002).

7. Das observações de Duncan na Conferência do Institute for Design Strategy, Chicago, maio de 2005.

8. Ver Jeanne Liedtka, Robert Rosen e Robert Wiltbank, *The Catalyst: How You Can Become an Extraordinary Growth Leader* (Crown Business, 2009).

9. Ver www.freddieyauner.co.uk.

10. Richard Neustadt e Ernest May, *Thinking in Time: The Uses of History for Decision Makers* (Free Press, 1986).

Seção II

1. Lenny T. Mendonça e Hayagreeva Rao, "Lessons from Innovation's Front Lines: An Interview with IDEO's CEO", *McKinsey Quarterly*, novembro de 2008. http://www.mckinseyquarterly.com/Lessons_from_innovations_front_lines_An_interview_with_IDEOs_CEO_2185.

2. Em Jonah Lehrer, *How We Decide* (Houghton Mifflin, 2009), p. 196.

3. Ver Richard Thaler e Cass Sundstein, *Nudge: Improving Decisions About Health, Wealth, and Happiness* (Yale University Press, 2008).

4. Em Ellen Langer, *Mindfulness* (Addison Wesley, 1989).
5. Bruno Wicker, Christian Keysers, Jane Plailly, Jean-Pierre Royet, Vittorio Gallese e Giacomo Rizzolatti, "Both of Us Disgusted in *My* Insula", *Neuron* 40 (3): 655-664, outubro de 2003.
6. Dan Roam, *The Back of the Napkin: Solving Problems and Selling Ideas with Pictures* (Portfolio, 2008), p. 141.
7. Jill Bolte Taylor, *My Stroke of Insight: A Brain Scientist's Personal Journey* (Penguin, 2006), p. 19.
8. Ver Benson P. Shapiro, V. Kasturi Rangan, e John J. Sviokla, "Staple Yourself to an Order", *Harvard Business Review,* julho-agosto de 1992.

Seção III

1. Linda Verlee Williams, *Teaching for the Two-Sided Mind* (Simon & Schuster, 1983).
2. Stanley Gryskiewicz, "Trial by Fire in an Industrial Setting: A Practical Evaluation of Three Creative Problem-Solving Techniques", in K. Gronhaug e G. Kaufmann (eds.), *Innovation: A Cross-Disciplinary Perspective* (Oxford University Press, 1988).

Seção IV

1. Neustadt e May, *Thinking in Time*, p. 251.

Seção V

1. Em Rob Koplowitz, "How Social Technologies Can Kickstart Innovation", CIO, 16 de setembro de 2010. http://www.cio.com/article/615114/How_Social_Technologies_Can_Kickstart_Innovation.
2. Em Patricia Seybold, *Outside Innovation: How Your Customers Will Co-Design Your Company's Future* (Collins, 2006).

Seção VI

1. Jessie Scanlon, "LifeTuner: How AARP Came to Serve Twentysomethings", *BusinessWeek, 11 de* novembro de 2009. http://www.businessweek.com/innovate/content/nov2009/id20091110_992142.htm
2. Ver Liedtka, Rosen, e Wiltbank, *The Catalyst*.

SOBRE OS AUTORES

Jeanne Liedtka

Jeanne Liedtka é membro da área de Estratégia, Ética e Empreendedorismo na Darden, Escola de Administração na Universidade de Virginia, onde tem ensinado desde 1989. Formalmente diretora executiva do Instituto Batten, uma fundação estabelecida para desenvolver o pensamento de liderança nas áreas de empreendedorismo e inovação, Jeanne também tem trabalhado como a principal funcionária do escritório de aprendizagem (CLO) para a United Technologies Corporation (UTC), sediada em Hartford, Connecticut, e como reitora associada do programa de MBA na Darden. As atuais responsabilidades de ensino de Jeanne focam no design thinking, inovações, e crescimento orgânico nos programas de Educação Executiva e no MBA na Darden.

A pesquisa atual de Jeanne explora como o design thinking pode ser usado para enriquecer nossa habilidade de criar conversas estratégicas inclusivas sobre futuro organizacional. O seu livro anterior, The Catalyst: How You Can Become an Extraordinary Growth Leader (Crown Business, 2009), baseia-se em três anos de estudo no instituto Batten dos gerentes de operação que se distinguiam na produção do crescimento de renda em organizações maduras. The Catalyst, em coautoria com Robert Rosen e Robert Wiltbank, foi chamado pela BusinessWeek com um dos mais inovadores livros de design de 2009.

Jeanne recebeu seu Doutorado em Administração de Empresas (DBA) em Política Gerencial da Universidade de Boston e seu MBA da Escola de Negócios de Harvard. Ela está envolvida na área de estratégia corporativa desde o início da sua carreira como uma consultora de estratégia para o Boston Consulting Group.

Tim Ogilvie

Tim Ogilvie é o CEO da Peer Insight, uma firma de consultoria estratégica de inovação, onde ele fez contribuições pioneiras para as disciplinas que estavam surgindo de serviços de inovações, design de experiência de clientes e exploração de modelos de negócios. Seus clientes incluem AARP, Bank of America, Diebold, GE, Hallmark, Hewlett-Packard, Pfizer, Procter & Gamble, Starwood Hotels e The Hartford. Seus projetos buscam criar crescimento orgânico usando métodos de design thinking para ligar novas experiências de clientes a modelos de negócios escalonáveis.

Ele também deu consultoria para cinco governos e influenciou em políticas de inovação dos Estados Unidos, União Europeia e Taiwan. Em 2007, foi um dos autores de "Seizing the White Space: Innovative Service Concepts in the United States", publicado pela Tekes, a agência da fundação Finnish para P&D (Pesquisa e Desenvolvimento). Esta publicação estabeleceu a percepção para a inovação do serviço que está sendo adotada pelas pessoas que fazem política pública e firmas privadas líderes na União Europeia.

Tim é um palestrante convidado da Escola de Negócios de Darden em Virginia, onde ensina design centrado no cliente e em inovações. Ele possui mestrado em Sistemas de Fabricação Integrada de Computador do Instituto de Tecnologia de Georgia e BA em Inglês na universidade de Virginia.